商业模式的力量

彭志强◎著

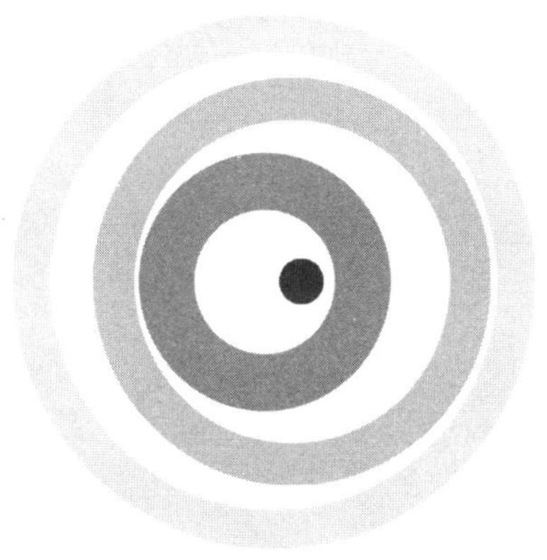

中信出版社 · CHINACITICPRESS · 北京 ·

图书在版编目（CIP）数据

商业模式的力量 / 彭志强著. —北京：中信出版社，2014.7（2018. 4 重印）
ISBN 978-7-5086-3787-7
I.①商… II.①彭… III.①商业模式-研究 IV.①F71
中国版本图书馆CIP数据核字（2012）第308661号

商业模式的力量

著　　者：彭志强
出版发行：中信出版集团股份有限公司
　　　　（北京市朝阳区惠新东街甲4号富盛大厦2座　邮编　100029）
承 印 者：三河市西华印务有限公司

开　　本：787mm×1092mm 1/16　　印　　张：13　　字　　数：160千字
版　　次：2013年4月第1版　　印　　次：2018年 4 月第27次印刷
广告经营许可证：京朝工商广字第8087号
书　　号：ISBN 978-7-5086-3787-7/F · 2811
定　　价：39.00元

服务热线：400-600-8099
投稿邮箱：author@citicpub.com

目录

光亮照进现实

《商业模式的力量》首次出版是在 2009 年，转眼间 8 年过去了。

我们深刻地感觉到中国经济正在发生深刻的变化——20 年以来一直是中国经济最大动力的“人口红利”已经消失，惊人的货币超发已经进入转折点，癫狂的房地产炒作严重透支了未来 10 年的购买力，甚至新兴的互联网红利也正在减速。

中国经济“脱虚向实”迫在眉睫，如今，实体经济转型艰难、步履维艰，尤其是中小企业经营状况令人堪忧。房地产的畸形繁荣客观上挤压了实体经济的发展空间，中小企业面临的融资难、融资贵的现象仍普遍存在，一般性产能严重过剩，同时，很多高质量、个性化的需求却得不到有效满足。

现在，政府大力提倡的供给侧结构性改革，就是要强调企业成为创新主体，能够持续提供高质量的产品和服务。自2001年中国加入WTO（世界贸易组织），已经过去了16年。“入世”之初，很多人认为中国很多产业将受到极大的冲击，但16年过去了，事实恰恰证明，中国才是全球化最大的受益者。今天，几乎所有的发达国家都有民粹主义和反全球化运动，而中国却成为自由贸易最重要的推动力量。

互联网的发展使中国企业，特别是中小企业可以迅速面向全球市场，成为国际化的跨国企业，这极大地拓展了企业的市场边界。加上我们中国人的勤劳和强烈的致富欲望，中国企业也正在获得空前的全球化的商业机会。

显然，这是一个“危”与“机”并存的时代。实体经济如果要生存发展，就必须做转型升级。那么，中小企业如何自救自保自立，如何将命运掌握在自己手中？创新是企业生存的唯一路径——或者自己创新，或者投资创新，或者服务创新，不创新才是企业最大的风险。商业模式创新是企业转型升级的顶层设计，企业家、创业者千万不要用战术层面的勤奋掩盖顶层设计层面的懒惰。

技术进步进入到指数加速阶段，必将对商业和经济产生深刻影响。“人们总是在短期高估技术的作用，却长期低估技术的作用”——因为短期内，我们往往对技术进步、对商业产生实质影响所需配套条件的不完善和发展预期估计不足；长期看，我们对技术进步一旦突破拐点所呈现出的指数级增长的速度难以预料，还习惯于用线性增长的思维惯性进行判断。例如，4年前的技术热点是移动互联网；今天，人工智能、大数据、物联网、智能制造正在快速兴起，而且已经进入到产业发展的高速期。这些新的技术无疑会催生新的商业机会，让我们看到新经济创业正如火如荼。另一方面，这些技术也会与传统经济进行渗透和融合，从提高效率到改变业务流程，催生出新的商业模式，这被称为“新经济+”。

中国资本市场也在颠簸中进行着顽强的改革，并且不断进步。尽管作为最复杂的要素市场，中国资本市场的发展依然任重道远，但进步趋势不可阻挡，其发展速度非常快，实体经济正在获得前所未有的资本市场支撑。

从2013年底“新三板”正式扩容至今，截至2017年4月，已经有超过11 000家企业在新三板挂牌，而已经持续了半年的IPO（首次公开募股）加速成为资本市场的重大突破。盛景学员企业在新三板挂牌的数量也已经超过1 500家，预计三年后将有超过300家学员完成IPO，成为资本市场一道亮丽的风景线。

创新和资本新双轮驱动是新时代的主旋律，而商业模式创新是创新的顶层设计，创新模式只有得到资本的支撑才更可能成功，创新者需要得到资本市场的奖赏和鼓励。显然，资本市场在引导资源配置方面的效率也会越来越高，真正有持续创新能力的企业才会得到资本市场的长期支持。

总之，经济环境的“危”与“机”并存、高新技术加速发展以及资本市场进一步发育，都给今天的中国企业带来了机遇和挑战。它们善于审时度势，坚持创新一定能够迎来更大的发展机遇。

商业模式创新是盛景的核心方法论。今天我们重新修订并再版这本书，在面对新的发展环境、新的经济形态和企业新的业态时，我们发现“商业模式六式”仍然是坚固而稳定的经典理论，它对共享经济、人工智能、颠覆性创新等所谓的新经济企业同样具有极强的解释力和包容力，同时，它对于中小企业进行转型升级、创新成长的指引及指导也越发成熟而系统。

因此，这次修订我们在理论体系上保持相对稳定，主要补充和修订了部分案例。书中的案例主要用来说明我们要阐释的概念和原理，这并不意味着这些案例企业的做法就可以一成不变、一劳永逸，因为外部环境在变、客户需求在变、技术进步和市场形态在变、竞争格局在变，所以企业的商业模式也需要随之而变。

就好像在冷兵器时代，一个 5 米深、20 米宽的护城河就能成为一个城池的屏障；在枪炮时代，能够保护城市的至少是多个配备精良重武器的坚固碉堡；到了今天，保护城市需要有导弹空中拦截网。所以，企业的商业模式迭代周期在缩短，迭代速度在加快。

企业家创业者应拿出 99% 的时间研究客户，用 1% 的时间研究竞争对手；用 90% 的时间研究客户需求，用 10% 的时间开发产品。商业模式是企业经营的“原点”，而客户定位与需求是商业模式的“原点”。今天的客户需求在发生翻天覆地的变化，所以，多数企业的商业模式也需要随之改变。你做好准备了吗?

经典原理和思想必然深刻而抽象、包容而富有弹性，它们经得起时间的考验，自成长自适应。理解它们的本质，融会贯通，随需应变，当有实效。重读新版“商模六式”，你必有新的收获。

前言

2008年金融危机席卷全球，2012年欧债危机重重，2016年飞出了英国脱欧和特朗普当选新一届美国总统等多只“黑天鹅”……这些都深刻地影响了全球政治经济格局，也深刻地影响着中国经济的走势和格局。

不知不觉，中国改革开放已走过近40个年头。过去40年，中国企业所取得的成就几乎完全依赖于“低成本模式”；而今天，除了技术进步所带来的成本下降以外，中国已经进入劳动力、土地、环境保护、知识产权、资金等成本高企的新常态。中国能跨越中等收入陷阱吗？供给侧结构性改革要求中国企业转型升级、中国产业结构调整已经迫在眉睫、箭在弦上！但路在何方？无疑，中国企业正迎来一个发展的关键时期——成则达济天下，败则满盘皆输！而其中之核心就在于能否进行商业模式创新。

著名管理学大师彼得·德鲁克说过：“21世纪企业

之间的竞争，已经不是产品与价格之间的竞争，甚至不是服务之间的竞争，而是商业模式之间的竞争！”

商业模式创新的本质是“低成本创新”，即“精益创新”。何谓“精益”？“精益”指没有浪费，即“低成本”。当年，日本凭借“精益制造”（没有浪费的制造）创造了全球制造业的奇迹；如今，美国硅谷凭借“精益创新”正在掀起新经济浪潮。

方向比努力更重要，宏观决策和指导微观。商业模式是任何一家企业的经营“原点”。若没有好的商业模式，那么技术再好、产品再好、品牌再好也没有前途！我们并不是说产品、技术、品牌不重要，恰恰相反，产品、技术、品牌非常重要，只是企业经营首先应解决商业模式创新的顶层设计问题，而后再逐步落实产品、技术、品牌等支撑体系。如果作为企业经营“原点”的商业模式不能进行创新，那么企业成长只能是痴人说梦。

因此，在商业经营过程中，学习和研究商业模式是最为紧迫且重要的主题。统计表明，全球超过60%的成功创新来自于商业模式的创新。即使是相同的技术，若采用不同的商业模式，也将产生完全不同的财务结果与资本市场价值。

为什么同样的技术进入不同的企业，经营结果却完全不同？为什么辛苦经营十几年甚至几十年的企业，会被新兴企业转瞬间轻松超越？为什么辛苦累积，企业却无法突破成长的“天花板”？为什么中国企业的平均利润率极低？为什么企业从制造业、外贸出口转战国内市场，却不知从何下手？为什么企业在与资本市场对接时，总是不得要领？企业家摆脱这些困境的最有效的方法就是学习商业模式。商业模式是经营中最为关键的“顶层设计”，只有学习商业模式才能帮助企业家少走弯路，突破成长瓶颈，进入高成长、高利润、低风险的黄金区。

如滴滴、ofo（共享单车）的天使投资人金沙江创投朱啸虎所说：“天使轮阶段的关键在于寻找商业模式，A轮阶段的关键在于尽快证明商业模式，B轮阶段要验证商业模式可以规模化放大，C轮阶段要迅速占领全国核心市场。”由此可见，企业在发展的各个阶段都对应着商业模式层面的相应要求。

创新不应是天才式的想法加天才人物，运用可学习、可视化、可复制的创新方法才是让创新发生的普适规律。商业模式是企业经营的方向与原点，相信本书必将给中国企业转型升级、转变增长方式带来新的思维与方法。

商业模式是企业发展的顶层设计，通过创新商业模式，企业就可能获得10倍利润、10年成长，就有可能对接风险投资、登陆资本市场。正所谓“得商业模式与得资本者得天下”，创新资本的新双轮驱动将成为实体经济凤凰涅槃的新动能。

第一章

商业模式的力量

苹果公司近年来被评为“十大起死回生公司”的第一名，其关键因素就是商业模式创新。

多年来，苹果公司股票市值从50亿美元实现约160倍增长，苹果公司市值于2017年5月首度超过8 000亿美元，绝对富可敌国。苹果公司极有可能成为地球上第一家市值1万亿美元的公司，它是神一般的存在。

10年前，苹果公司其实是“苹果电脑”，那时的苹果公司以电脑为主要业务。但随着iPod、iPhone、iPad的推出，苹果公司不仅赢得了移动之战，还将自己转变为“内容的分发者”，它不再是传统意义上的电脑硬件公司，而是成为一家平台型、生态型公司。

苹果公司iTunes数字音乐商店成立于2003年4月，2006年下载量突破10亿，2010年下载量达到了天文数字的100亿首歌曲。iTunes数字音乐商店上线10年以来，其累计音乐下载量已经突破了250亿首。

在这10年中，平均每一分钟就有超过15 000首歌曲被下载。现在，iTunes数字音乐商店已经成为连接歌手与粉丝之间的桥梁与纽带。

App Store（苹果应用程序商城）的发展则更为迅猛。它在2008年7月份问世时仅有500款应用软件，然而9个月后，这个数字就超过了3万款，下载量超过了10亿次。2016年，仅中国区App Store就贡献了50亿~60亿美元的总收入。而且，这些数字都在不断地被快速刷新和突破。

如今，仅中国专门开发iOS（移动操作系统）的开发者就已超过100万人，这些人都不用苹果公司支付任何的固定费用。借助前文所述的“分成模式”，苹果仅保留软件销售收益中30%的份额，剩余70%的收入将划归到软件开发者名下。这不仅革命性地降低了苹果公司的研发成本和管理成本，而且有效地调动了开发者的积极性。

苹果以驱动自身的软件服务营收为重点新增长的战略已经越来越明显，苹果音乐、苹果商城和iCloud（苹果公司提供的云端服务）这些业务比做手机等硬件利润更高，而且能够增加用户黏性，用户一旦加入了苹果的生态系统，就会买更多苹果的硬件，从而形成良性循环。

目前，国内手机厂商多数的营收和利润基本来自手机硬件本身，生态的打法很难自圆其说，但苹果依赖生态服务的营收规模却如滚雪球般越滚越大。可见，苹果构建的“硬件+内容+服务”的生态系统将越来越稳固。

最近几年，在硬件创新与提升上，国产手机与苹果手机的差距在拉近，而软件服务的差距却在拉大。苹果公司宣布，2016 年 App Store 营收高达 285 亿美元，增长相当强劲，而且来自软件服务的大部分营收都直接转化成为利润。

根据分析师的推算，未来 5 年，苹果服务营收每年的增长率预计为 17%，其中，App Store 的营收将继续维持约 30% 的年增长率，但硬件营收每年增长仅为 2.4%。预计到 2021 财年时，大约 75% 的苹果毛利润将来自于服务业务。

即使乔布斯已经离我们远去，苹果公司依然是世界上市值最高的公司。乔布斯不仅留下了苹果的极简美学和爆款产品，也留下了苹果堪称经典的商业模式。

苹果产品多数都在中国市场代工，中国人也有海量“果粉”用户，高端的苹果手机甚至成为“街机”，但中国手机产业链的公司所能分得的利益却微不足道。“中国手机产业链公司都在给苹果公司打工”——这话并不夸张，这就是在产业链中江湖地位的现实缩影，不容回避，也凸显了中国公司的商业模式创新任重而道远。

中国企业的唯一出路：商业模式创新

今天，中国正在从“地产+工厂”旧双轮驱动转向“创新 × 资本”新双轮驱动，中国企业成长的两大机遇就是商业模式创新与对接资本市场——两者相辅相成、互为支撑。

企业经营的“原点”是商业模式，企业经营的放大器和制高点则是资本运营。百年一遇的金融危机也孕育着百年一遇的资本机遇；同时，只有资本市场大发展才能对冲房地产下行带来的增长压力，才能激活实体经济的新动能。

2009 年 7 月 26 日，中国证监会开始接收正式的创业板上市申请。

2013 年 12 月 14 日，国务院发文，新三板正式扩容至全国。

2016 年下半年，A 股迎来了 IPO 加速新时代。

所以，在资本市场不断释放善意、多层次资本市场建设不断推进的趋势之下，中小企业的发展方向其实清晰而明确。在规范经营的前提下，企业聚焦于创新、提升企业价值等成为优秀中小企业的理性选择，这就是市场化改革的引导性作用。

成长 = 创新 × 资本！资本市场将给予创新者最大的奖赏和鼓励，产业市场将给予不创新者最大的惩罚。实现产业市场与资本市场的良性互动、双轮驱动，这正是中小企业成长的基本规律，也是企业迈向卓越的捷径。

这孕育着巨大的变化与历史性的商业机遇，中国正在进入“创新资本时代”。作为企业家，你准备好了吗？

有一位风险投资家说：“为什么境外投资者把大量的资金投资到中国，因为中国的风险投资业务有着无限的机会。今天中国风险投资的机会太大了，你都不用再去论证了。如果有人踏踏实实地用一种长线投资的心态做上 5 年、10 年，不是搞资金拆借、不是搞房地产、不是买矿、不是放高利贷，那么这家投资公司将不可限量。因为中国人过去都是在做投机，没有人真正地做投资。真正的机会不在于中国市场有多大、中国人口有多少，而是中国现在正在经历有史以来最深刻的商业模式变化，这是我们未来黄金5年、10年的关键所在。”

到底什么是商业模式？中国企业应该如何利用商业模式实现转型升级？

我们随后将为各位读者揭开商业模式的神秘面纱。

对中国经济来说，我们过去40年只做成了一件事，那就是“低成本运作”。但是，在改革开放40年之后，中国企业的低成本优势已成为历史。如今，国际政治格局和游戏规则正在发生重大的改变——中国老龄化进程所带来的“人口红利”下降，带动中国劳动力成本不断上升；中国土地成本持续攀升和环境保护成本迅速上升，这些都影响着中国广大的实体经济中小企业。

中国企业的经营成本在不可逆转地上升，中国企业的低成本优势正在快速衰减。显然，仅仅依靠传统的所谓低成本优势，中国企业已经无法做强、做大。我们知道的和不知道的、听过的和没听过的、想到的和没想到的、能应对的和不能应对的、认可的和不认可的，各种因素都在共同指向成本不可逆转地上涨。总之，这一切都指向一个共同的话题：中国企业的低成本竞争优势已经不再成为驱动力。

那么，到底什么是商业模式？商业模式源自于20世纪60年代的美国，它的英文名称为“Business Model”。

关于商业模式的定义，目前采用比较多的是：商业模式是一种包含一系列要素及其关系的工具，用以阐明某个特定实体的商业逻辑。它描述了公司能为客户提供的价值以及公司的内部结构、合作伙伴网络和关系资本（Relationship capital）等，用以实现（创造、推销和交付）这一价值并产生可持续赢利的要素。

这个版本的定义是最常被引用的，但依然让普通读者听不懂、看不明白，这就为我们理解商业模式带来了难度。为此，盛景研究院提炼和总结了商业模式的一个形象的解读，力图用这种形象的解读来帮助中国企业家创业者深入理解到底什么是商业模式。

要形象地解读“商业模式”，有两句话再合适不过；这两句话看似矛盾，实则辩证统一。第一句话，“自己可以复制自己”；第二句话，“别人很难复制你”。

所谓“自己可以复制自己”，就是说企业的销售额不断增长、企业的利润不断增长、企业的经济效益不断增长，这种增长不会很快就遇到天花板、遇到瓶颈，而是一个长期、可持续增长的过程。当然，增长未必单纯靠内生发展、滚动发展，也包括并购整合式的增长。总之，不管用哪种方法，企业的经营效益可以持续增长。

但是，很多企业在经营的过程当中，很快就遇到了增长的天花板，并且在企业规模很小时就长不大了；或者，企业的收入规模虽然增长了，但利润却没有获得相应的增长，仍没有找到低成本扩张的方法。这就说明“自己可以复制自己”还没有得到突破和解决。

同时，要成为一个优秀的商业模式，仅仅做到“自己可以复制自己”还不够。很多企业虽然解决了第一句话，但是依然遇到了很大的挑战，因为它马上会面临大量竞争对手的恶性模仿和竞争。如果某件事情你能做、他能做、我也能做，那么这个时候通常只有一个解决办法，就是残酷的价格战，而激烈的价格战通常会导致利润微薄。所以，企业必须实现商业模式的第二句话“别人很难复制你”，这样才算是好的商业模式。

当其他企业看着你赚钱的时候干瞪眼却没法模仿，你才会有很好的利润，因为你拥有了企业经营当中最宝贵的“定价权”。为什么说风险投资选择项目时非常关注商业模式，这是因为投资人希望你的企业拥有定价权，有定价权的企业往往意味着可以获得高利润和长久的利润。为什么你的企业可以定价？因为这个事情你能做，别人做不了；或者你能做，别人很难做。

因此，一个优秀的商业模式必须同时解决两个问题——“自己可以复制自己”和“别人很难复制你”。这两句话看似矛盾，但它们恰恰是商业模式创新的精髓和魅力所在，当然也是商业模式创新的难度所在。

通过形象的描述，相信各位读者对商业模式已经有了清晰的感性认识，我们可以对照自己的企业，看看在你的企业中，是不是找到了这种“自己可以复制自己，别人很难复制你”的感觉。如果这两句话中你的企业还有一句话没有达到，甚至两句话都没有达到，那么你的企业的商业模式还处于初级阶段，还需要有重大的创新与突破。

有了对商业模式的感性认识后，下面让我们看看如何建立企业的商业模式?

盛景研究院首先为商业模式做出了更为详尽的定义：

通过创造“与众大不同”的客户价值，切入高价值环节并形成价值链系统性统筹，设计独特的赢利方式颠覆行业传统规则，实现自身可复制，突破扩张瓶颈，透过掌控核心资源建立高竞争门槛，最终成功地构建或融入和谐的生态系统。

在此基础上，盛景研究院提炼总结了“商业模式六式”，每一式还可以进一步拆解为三招，所以，它就像“降龙十八掌”一样给各位企业家、创业者一个直观可理解的解读。

我们下面将沿着商业模式六式，一式一式地进行详尽的讲解与拆解（见表1–1），从而启发和帮助各位企业家建构并梳理自身的商业模式，并通过“商业模式六式”的结构化工具将商业模式这样抽象的概念进行有效的落地和实施。

表1–1　商业模式六式

第一式	精准客户定位，杀手级隐性核心需求
第二式	系统性价值链
第三式	收入倍增、赢利倍增
第四式	革命性降低成本
第五式	突破扩张瓶颈，实现自我可复制
第六式	控制力与定价权

下面，我们先来简要地梳理一遍商业模式六式，并在随后的第三章至第八章中逐一详尽地剖解商业模式六式。

商业模式第一式是“精准客户定位，杀手级隐性核心需求”。

一个企业能够生存，它一定满足了客户的某些需求。但是，如果你的企业满足的只是客户的一般性需求，那么你的企业只是一家能够生存的小企业；如果你的企业能够满足客户的核心需求，那么你的企业将是一家可以快速发展的企业；如果你的企业满足了目标客户“杀手级隐性核心需求”，那么你的企业就可以脱颖而出，成为一家有影响力的公司，甚至成为一家伟大的公司。

什么是客户的隐性需求？隐性需求就是你的客户无法清晰表达或公开表达的需求、你的竞争对手还不知道的客户需求，或者业内皆知却没有人能够满足的客户需求。只有找到并满足客户的隐性需求，尤其是客户“杀手级隐性核心需求”，我们的企业才能在竞争中赢得先机，才能找到商业模式的良好开端。

商业模式的第二式是“系统性价值链”。

企业的上游、下游、合作伙伴、客户能共同形成一个协同共融的商业生态系统，构建系统性价值链，这是商业模式竞争的必然要求。

我们把系统性价值链比喻为一个大森林、一个大的生态系统。价值链系统中的成员应相互合作、相互协同，从而达成整体价值链效率最高、成本最低、风险最小的目标，并就利润、风险、成本在价值链成员中合理而富有创造性地分配，这就是商业模式第二式要解决的问题。

当今的竞争不再是单枪匹马的竞争，而是价值链与价值链之间的竞争，是系统与系统之间的竞争。无论你是否愿意，无论你是否已经清晰地意识到了这一点，21 世纪已经是一个“打群架”的时代了。

商业模式第三式是“收入倍增、赢利倍增”。

这一式主要告诉企业家怎样获得 10 倍于传统模式的利润，并且可持续 10 年获利成长，也就是获得长期高额利润的方法。不仅如此，商业模式中的收入倍增模式还是为竞争对手树立高竞争门槛的赢利方法，它不仅意味着自身获取高额长期的利润，也意味着成功地阻碍了竞争对手的恶性竞争。

竞争对手往往是靠某种传统常见的方式获利，而我不靠，我通过创建一种与众不同的新方式获利。

商业模式第四式是“革命性降低成本”。

注意，这里讲的是革命性地降低成本。如果成本从 100 元降到 90 元，就不算是革命性降低成本，这往往源自于流程优化、效率提升，这是企业发展的必修课，但不是商业模式顶层设计层面的革命性降低成本。

我们把成本分成两类，一类是把成本从总体的 100 元，降到 60 元、50 元。当公司的整体成本下降接近 50%的时候，我们称之为“革命性的降低”。另外一类就是分项目的成本，把某个项目的成本下降 80%，才叫革命性成本的降低。怎样实现企业成本革命性地降低？不是靠省吃俭用，也不是靠克扣员工的工资，靠什么？靠商业模式的顶层设计。

商业模式第五式是“突破扩张瓶颈，实现自我可复制”。

任何一个企业、任何一个商业模式都会有扩张的瓶颈，所以天花板的问题不能等到你遇到天花板再去突破，那将很难。未雨绸缪，治“未病”，就应该在商业模式设计阶段预计企业在未来可能会遇到什么样的天花板和瓶颈，然后通过商业模式设计和规划提前化解未来的“天花板”。

其实企业经营的关键不在于你今天是否赢利，而在于你5年后、10年后是不是仍能赚到更多的利润。今天赢利不难，也不重要，重要的是5年后、10年后你能不能持续赢利、能不能获取更多的利润。

商业模式第六式是“控制力与定价权”。

这就是股神巴菲特所说的“护城河”，它往往是VC投资（风险投资）的关键支撑点。因为凡是掌握了不易被复制能力的企业，便拥有了较高的竞争门槛，有了竞争门槛就拥有了定价权的基础，有了定价权就可以获得高利润、可持续的利润。

今天，中国的实体经济非常被动，甚至可以说非常悲哀，因为中国企业“买什么什么贵，卖什么什么贱”。中国企业往往像“三明治”、“受气包”一样，对上下游都没有控制力和掌控力，这对企业来讲无疑是疲于奔命、非常艰难。

我们的企业怎样才能笑傲江湖、游刃有余，牢牢掌控住上下游呢？

其核心就在于掌控核心资源。这种核心资源可以是一种独特的能力，可以是一种高新技术，可以是一种稀缺性的原材料，可以是一种独特的政策保护优势，也可以是庞大的客户群体。但不管怎样，你都要能够掌控核心资源，你有核心资源而别人没有，那么你就掌握了话语权。

商业模式作为近十年才被中国企业家逐步认识和接受的一个概念，它很容易被误认为“商业模式就等同于企业战略”。那么，商业模式与企业战略是什么关系？它们又有什么差异呢？

我们知道，企业战略相比战术是相对长期的规划，但是企业战略相比商业模式又是相对短期的、显性的，商业模式则具长期性及隐性。在某种意义上，我们可以把商业模式形象地比喻为“企业战略的战略”。企业战略往往是年度战略，或者最多是三年战略，但商业模式往往能保持5年、10年甚至更长时间的稳定性。

因此，中国企业家在关注企业战略之前首先应关注商业模式——商业模式是战略的战略，商业模式是企业战略的指南与方向、原则和根基。只有拥有优秀的商业模式，你才能制定出清晰的年度战略或三年战略。商业模式往往能够指引你的企业5年、10年甚至更长的时间，从这个角度来讲，商业模式的重要性不言而喻，如何重视它都不为过。

因此，中国企业应先进行商业模式的创新与设计，而后再制定企业的战略方向和目标，从宏观到中观，这才是企业决策应有的顺序。

案例

分众传媒：蜡烛的两头可以同时燃烧

江南春创办的分众传媒（证券代码：002027），在从美国NASDAQ（纳斯达克股票市场）退市私有化后借壳A股上市，市值超过1 000亿元，在高峰时甚至达到2 000亿元市值。按照分众传媒2016年年报，公司2016年营业收入为102.13亿元，实现归属于上市公司股东的净利润44.51亿元。在宏观经济下行，众多的媒体、广告平台业绩下降背景下，分众传媒为何能够有如此惊人的赢利能力及如此高的市值呢？

因为分众传媒把品牌渗透到城市主流人群必经的生活场景，如公寓楼办公楼的电梯媒体、电影院映前广告等处，从而实现了对用户的强制到达，在媒体碎片化的时代越来越成为品牌引爆的首选方式。

盛景嘉成母基金也投资了分众传媒。有一次与江南春交流商业模式时，江南春做了一个生动的类比：商业模式就好比你有一块地，你到底种什么？种土豆，还是种猕猴桃，还是建一个可以经营的大楼？企业的赢利能力完全不同。无疑，分众传媒则是在电梯厢体这样一个过去毫无用处的土地（场景）上建了一座超级金矿。

我们常说“蜡烛的两头不能同时燃烧”、“鱼和熊掌难以得兼”，但在商业模式创新和设计的过程当中，恰恰需要突破这样一个魔咒和障碍。如果企业的商业模式能够同时实现收入倍增和革命性降低成本，那么企业就将获得极为惊人的丰厚利润，从而实现“蜡烛的两头同时燃烧”。

此外，我们还发现了一个非常有趣的现象：在分众的液晶屏幕上，并没有传统媒体所谓的“内容”，而统统都是广告——它的每一秒钟都是广告投放。

无论采取自己制作或是外部采购，任何内容的制作都往往意味着大额的成本。分众传媒全部内容即广告的做法，就革命性地降低了内容制作的成本，甚至几乎降到零。

而且，分众商业模式的厉害之处不仅在于革命性降低了内容成本，更在于它同时实现了收入倍增，一箭双雕。“一把钥匙开了两把锁”，这是分众传媒实现惊人赢利能力的秘密。

广电总局要求，电视台20%的时间可以插播广告。这就意味着对于传统的电视台来说，只有20%的时间可以来创造收入，但80%的时间却要用于耗费大量成本的内容播放。当分众把所有的内容统统都放成了广告投放之后，它就几乎实现了100%的时间都可以用来创造收入的可能性。而原来所需要的内容成本则100%被一刀斩断了。这就是分众赚钱赚到手抽筋的一个商业模式的“手筋”，它也实现了“蜡烛的两头同时燃烧”，既革命性降低了成本，又实现了收入倍增。

为什么分众能够实现鱼和熊掌得兼呢？这源于分众满足了目标客户的杀手级核心需求，而且它是在一个非常独特的应用场景之下设计了自己的商业模式。今天，我们称之为“场景革命”，在场景下谈客户的需求，更有生命力。

一方面，对于普通大众来说，相信大家都不愿意看广告，但是在等待电梯的无聊的环境和空间之下，相对而言，广告也很精彩，甚至也是我们了解世界的又一个窗口。

另一方面，对于投放广告的广告主来说，分众的电梯广告满足了广告主杀手级的核心需求，也就是“强制收看”。我们在家里看电视的时候，一放电视广告，我们可能就上洗手间或者打电话去了。报纸广告也是如此，我们在看报纸时，视线往往会习惯性地跳过广告位，我们称之为“盲点”。同样，手机上能传递的广告信息和资讯也是有限度的，这就导致它的广告类型会受到局限。

然而，在电梯这样一个非常狭小的等候空间中，却产生了一种意想不到的“强制收看”的效果，而这正是广告主最喜欢、最在意的媒体价值。

所以，分众传媒电梯广告的用户是4亿城市白领群体，它满足了他们在无聊等候场景下的独特体验，它还满足了广告主“强制收看”的杀手级需求。正因如此，分众的商业模式取得了巨大的成功。我们反复强调，面向精准目标客户、在特定场景下的杀手级核心需求的挖掘，是商业模式设计的关键所在。

分众商业模式的另一大亮点，是它以迅雷不及掩耳之势占领了80%以上中高端写字楼和住宅的电梯广告，没有给竞争对手留下任何出牌的机会。在早期，分众的执行力非常强，随后利用资本优势迅速跑马圈地，并通过并购的手段合并了框架和聚众两个主要的竞争对手，从而快速一统江湖。

在公寓楼写字楼电梯广告领域掌控了核心资源之后，分众传媒如法炮制，将这种“类房地产连锁商业模式”复制扩张到影院广告市场。

按照分众传媒年报，截至2016年年底，公司已形成了覆盖全国约290多个城市的生活圈媒体网络，其中自营楼宇屏幕媒体约为22.5万台，覆盖全国约90多个城市和地区；加盟楼宇屏幕媒体约1.1万台，覆盖31个城市和地区；自营框架平面媒体约115.8万个，覆盖全国48个城市；外购合作框架平面媒体覆盖61个城市，约32.8万块媒体版位；影院媒体的签约影院超过1 530家、银幕超过10 000块，覆盖全国约290多个城市的观影人群。这无疑是一个极为惊人的数字和资源控制率。

回看分众的商业模式，它最终跳出了大多数传统广告公司和媒体公司拼创意的常规打法，它换了赛道，改了游戏规则，它拼的是把稀缺资源快速垄断下来。这对分众的快速规模化、形成掌控力和定价权，产生了惊人的效果。

通过运用盛景商业模式六式的方法论解读分众传媒，我们会发现它的模式非常有爆发力，而且长期可持续，也实现了巴菲特所讲的构建“护城河”的说法。后来者即使看着这个模式好，也只能望“屏”兴叹，因为电梯资源都已经被分众传媒长期垄断了。

透过如上对分众商业模式案例的解读，希望帮助各位读者朋友思考：如何在基于目标客户核心需求的特定场景之下，实现收入倍增、革命性降低成本，最终构筑企业的“护城河”，成功实现商业模式的创新。

第二章

商业模式创新

通过第一章的阐述，相信各位读者对商业模式已经有了初步的概念与感性认识。接下来，如何切实进行商业模式创新就成为一个迫切的课题。本章内容将重点与各位读者探讨和交流商业模式创新的核心方法。

启动商业模式创新，首先要从寻找和论证“商业模式的假设与前提”开始。企业家在思考商业模式的时候，在进行商业模式决策的时候，往往有很多内在的，甚至连企业家自己都没有清晰认知的“假设与前提”。

要想重构和优化商业模式，我们首先要来探讨，我们的“假设与前提”是绝对正确的吗？是不能被推翻的吗？如果我们更改、推翻、颠覆了过去我们所见的各种各样的行业认知和假设，创新的机会就已经实实在在地摆在我们面前了。所以，创新并非遥不可及，但也绝不简单。创新最重要的方法，就是发现并找到我们决策的“假设与前提”，将“假设与前提”可视化和有形化后，再深入探讨与研究如何推翻并颠覆这些“假设和前提”。这就是创新最有效的起点和方法。

推翻“假设与前提”

几乎每个人都相信“失败是成功之母”，但是我还相信“成功是失败之父”。

很多企业在发展过程中，形成了很多经验性的认知，而这些认知恰恰会成为一个巨大的思想包袱，而不是正向资产，由此阻碍了我们未来的创新和突破。如果企业不能及时感知并跳出“经验与成功”的禁锢，就可能被清扫出历史的舞台。

柯达彩色胶卷惨败的案例就是这一规律的注释。2012 年 1 月，柯达这个拥有 131 年历史的老牌摄影器材企业，正式向法院递交了破产保护申请。率先发明数码相机的柯达，却被数码时代遗弃。

当年，柯达公司在中国狂飙突进，几乎全中国的彩色感光胶卷行业都被其收入囊中，包括乐凯、公元等，以致很多国人都高呼：“狼来了，这个便宜让外商占了！”

今天我们回过头来看，我们要感谢柯达把这个巨大的包袱抱走了。如今，感光胶卷行业经营状况非常困难，因为今天已经进入了数码时代，柯达公司作为数码相机技术的发明者之一，却未能及时在数字相机行业占据有利地位，而且陷入了实施破产保护的悲惨境地。柯达公司的困境就是因为它错误地低估了“感光胶卷向数字相机”转型的速度。

然而，故事并未结束。虽然数码相机横空出世，迅速占据了消费者的心智空间，在短短一两年内，人们就再也不用胶卷了，但数码相机的风光也并未持续多久，因为带有拍照功能的智能手机又出现了。伴随着智能手机热销的则是相机销售的增长疲软，在2017年年初发布的最新年报中，尼康公司已经处于严重亏损的状态，索尼公司、富士公司的相机业务也持续下滑，不得不进行转型的探索。

无论是柯达公司还是尼康公司，它们都拥有数万项技术专利，这样的专利规模，在中国几乎很少有企业可以与之相比。但是，这些巨资投入技术开发的世界500强企业却陷入了亏损的境地，难以自拔。这就应验了我们前面所讲的：“技术创新固然重要，但如果没有得到商业化运用，它就没有价值，它就只能是成本了！”

这个时代已经发展到跨界打劫的时代。网上流传过这样一段话，它形象、幽默地形容了这个时代的特点：“这是一个我毁灭你，却与你无关的时代；这是一个跨界打劫你，你却无力反击的时代；这是一个如果你醒来的速度慢，你就不必再醒来的时代。”

不管你愿不愿意，百度干了广告的事、天猫干了超市的事、阿里巴巴干了批发市场的事、微博干了媒体的事、微信干了通信的事，最为颠覆的是支付宝和微信还干了银行的事！

跨界，从来不是原来的老玩家，创新者以前所未有的迅猛，从一个领域进入另一个领域。门缝正在裂开，边界正在打开。传统的广告业、运输业、零售业、酒店业、服务业、医疗健康等，都可能被逐一击破。转变落后于时代，必将付出沉重的代价。无论你的企业过去有多么辉煌，当外部环境发生改变时，你也必须进行相应的变化，否则你将是最先被淘汰的企业。

所以，当外部环境发生重大改变时，企业必须迅速应对变化，否则就会万劫不复。而企业过去所谓的“成功经验”往往容易变成企业创新突破的“包袱”，外部环境一变，很多企业就变成无法适应新时代的“恐龙”了。而中国经济变化发展的速度更是远远超过了国外市场，我们在几十年就要走完国外市场近百年的历史，这种迅猛的变化在给中国企业带来巨大商机的同时，也带来了艰巨的挑战。

面对迅猛的变化，中国企业的发展之路只有创新，但在创新的过程中，每个人的成见、每个人的惯性、每个人的“理性”，往往构成了企业创新的障碍。所谓的“理性”，常常是创新最大的敌人。盛景创新研究院在2014年发布的《中国中小企业创新白皮书》中，对中小企业在创新方面做过深度调查，发现中小企业对创新存在着很多误区，比如一些中小企业认为创新是大企业的专利；创新是高风险、高成本的大投入；传统产业无法创新；创新就是开发新产品等。

那么，创新最大的障碍是什么？不是创新本身，而是你的思维与理念。对于突破性事物，很多“有经验的人”本能的反应往往是认为“不可能、做不到”。一旦你有“不可能”的想法，一旦你说“我做不到”，那么创新的大门就被关上了，商业模式创新也就不可能了。

因此，如果读者对企业的现状、对自己的状况都存有深深的忧虑及诸多的困惑，那么恭喜你，因为这种不满意与困惑可能就是推动你创新的动力。创新最大的敌人就是“小富即安”、“自我满足”的意识。请记住，面对企业经营，不满意、忧虑并不是一件坏事。创新商业模式首先就是要打破企业的经营惯性，打破企业家的思维惯性。今天，很多企业实施的战略和经营模式，往往并非是因为它多么正确、多么科学，很可能仅仅是因为这是多年来延续下来的习惯而已。

那么，该如何“打破惯性”呢？每个人在思考以及进行决策时，都会进行“假设”，有显性的，有隐性的。而打破习惯，首先要从推翻“假设”开始，这就是创新的起点。因此，进行创新，要先寻找、挖掘出决策与思考时的“假设与前提”，然后探讨“假设与前提”是否绝对正确？如果能够推翻传统决策时的“假设与前提”，或是行业竞争对手都认同的“假设与前提”，那么创新的机会就出现了。

接下来，让我们通过几个案例来理解，如何通过推翻行业传统的“假设与前提”进行商业模式的创新。

如果我们假设“任何媒体都一定需要内容”，就不会有分众传媒这样一家只花了5年时间就足以挑战传统的媒体巨人——中央电视台的新媒体了。过去，传统的认知是“凡是媒体都要有内容”，没有内容怎么能叫作媒体？这是自媒体诞生以来就已经被视为“铁律”的“假设与前提”。当分众传媒把这个假设和前提拿出来进行颠覆时，就开创了一个全新的商业模式。分众传媒的每一秒钟都在播放视频广告，这颠覆和推翻了“任何媒体都需要内容”的“假设与前提”，由此成为全世界第一家没有内容的媒体，成为了一家绝对纯粹的广告平台，并取得了巨大的商业成功，其市值已超过1 000亿元人民币，最高曾经接近2 000亿元人民币市值。

如果我们假设在酒店、旅行市场如此发达的今天，“没有人会愿意租住到一个陌生人家里”，就不会有Airbnb（爱彼迎，美国短租平台）这样的出行模式。Airbnb是“AirBed and Breakfast”的缩写，直译过来就是“床垫和早餐”，它是一个旅行房屋的租赁社群，提供平台网站，帮助旅行者提供短期住宿。业主可以在网站上发布出租信息，其中不乏别具特色的住宿空间等系列服务，让旅行者体验到住酒店完全不一样的风情。

当年确实也有很多知名的投资公司也非常不看好这种模式，但令它们“遗憾”的是，如今Airbnb已经成为一种新的商业模式——分享经济的鼻祖了。截至2016年年底，Airbnb公司的估值已经达到300亿美元，而且这个估值已经超过了全球第一大酒店集团希尔顿集团的市值，后者在2016年的市值曾一度高达277亿美元。

因此，只要敢于推翻传统的假设与前提，那么创新的机会就来了。分众传媒和Airbnb在初创时都不是大企业，其产品也不是具有领先技术的高科技产品，尤其在创业初期更谈不上有多大的资金实力，但就是因为它们打破了原有行业思维的惯性，打破了既定的前提与假设，才取得了今天的成功。虽然我们不能保证这些推翻传统假设的创新企业在未来一定会成为伟大的企业，但如果没有这些“假设与前提”的被颠覆、被推翻，我们可以肯定不会再有新生事物出现，也难以推动社会进步。

综上所述，进行商业模式的创新时，首先要找出“你的假设与前提到底是什么”，然后，再来探讨这个“假设与前提”是否绝对正确，以及能否被推翻。这是商业模式创新清晰可见的路径。

创新路径：跨界复制与深度洞察

推翻“假设和前提”之后，我们已经有了创新和突破的可能性。那么，商业模式的创新是否存在一些可供借鉴的、更易成功的路径和模式呢？答案是肯定的。

本节我将介绍两种效果较明显、操作性较强、突破性较大的创新路径。第一种创新路径就是“跨行业跨国界进行复制”，第二种路径就是“取之于民，用之于民”、“从群众中来到群众中去”，通过深入地、持续地与客户进行创造性的思维碰撞，探索和寻找全新的商业模式和商业机会。

首先，我们来共同研讨第一种创新路径——“跨行业跨国界进行复制”。这也是很多风险投资商经常所说的“Copy to China”（复制到中国）。

很多读者会想，既然是复制，为什么还叫创新？其实，很多企业所谓的“复制”，往往都只能复制外在的表象，只能复制一个概念或一个提法，却无法复制整个企业的运营系统。

商业模式是庞大的“系统”，并非只是一个概念、提法或方向。就像冰山一样，我们能够看到的海平面以上的部分，这只是冰山很小的一部分，只占到冰山总体积的1/10。最终撞沉“泰坦尼克”号巨型游轮的，并不是海平面以上的冰山，而是海平面以下的庞然大物。商业模式也是如此，提出一个概念和方向并不难，难的是建立能将商业模式真正落地的庞大系统。

很多中国企业复制国外的创意和项目，它们往往只是在复制其外在的表象、提法和概念，因为真正庞大的商业模式系统，即那些淹没在海平面之下的部分是看不见的，是需要我们企业家不懈地努力与探索的本地化创新。从这个角度上来讲，这依然是一种创新，甚至是一种高难度的创新，尤其是中国本土的商业环境和生态环境与国外相比有很大的差异，这些都需要企业家进行重大的修正和调整，需要进行本地化的重新设计。

所以，“Copy to China”只是一个好的开始，商业模式系统的构建依然需要企业家进行大量的本地化创新后才有可能最终完成。我们可以复制先进模式的外在表象，但是商业模式的内在机理和全面实施落地的系统却离不开我们自身的努力和创新。

京东商城借鉴了美国亚马逊，百度复制了美国谷歌，优客工场高仿了Wework（总部位于美国纽约的众创空间），但中国客户的状况、客户需求等与美国仍有本质区别，因此，在参考美国公司成功商业模式的框架和方向的基础上，众多本地化创新才是京东、百度、优客工场成功的关键前提。

因此，“跨行业跨国界复制”的难度并不像表面看到的那么简单，因此，我们仍把“跨行业跨国界复制”纳入创新的范畴，并作为一种主流的创新路径推荐给各位企业家、创业者。

在给企业家培训和咨询的过程中，很多企业家上来就强调：“这个案例是其他行业的，不适合我们行业，能不能讲讲我们行业的案例和做法？”我说：“当然可以，但是这样一来，就局限了你创新的可能性，创新的空间也被大大缩小了。”因为，“跨行业复制”才是创新，而同行业复制就是“抄袭”，就是雷同了。

“同行业复制”虽然看似天经地义，也比较容易操作，但在绝大多数情况下，同行业复制就是吃剩饭，跟着人家屁股后面走，就是恶性竞争的开始，企业也很难凭此赢得核心竞争力。

只有跨行业复制才是创新，才能让企业脱颖而出。因此，企业家的创新之路往往源自于跨行业、跨国界的学习、理解和沟通。“他山之石，可以攻玉”，就是这个道理。我在盛景“商业模式的力量”中特别强调和推动跨行业、跨地区的交流和沟通，并由此发现和产生了很多创新火花和成功案例。通过我们多年的讲解和宣传，越来越多的企业家开始认同并接受“跨行业跨国界复制”的创新路径和模式。

今天的跨国界复制已经不仅是“复制到中国”的概念，还出现了

"到中国复制"的案例，最为精彩的当属Uber（优步）和滴滴这对相爱相杀的对手和伙伴。

在商业模式和产品策略上，滴滴是对Uber全球的一个复制。从专车到出租车，甚至无人驾驶车的布局等，几乎一个不差。虽然滴滴没有能力完全复制Uber，但至少在中国，滴滴的跨国界复制是成功的案例。

2016年8月2日，滴滴出行发布官方消息，正式宣布与Uber全球达成战略协议，滴滴出行将收购Uber中国的品牌、业务、数据等全部资产，在中国大陆运营。滴滴与Uber达成战略协议后，双方将相互持股，成为对方的少数股权股东，双方董事长也各自出现在对方的董事会中，可以说滴滴成功地逆袭了Uber。虽然未来两大公司的发展前景如何，我们无法预测，但这绝对是极为精彩的跨国界复制的案例与攻防大战！

"跨国界复制"虽然有挑战，但相对好理解。相较之下，很多企业家对"跨行业复制"往往摸不着头脑，因为其他行业的做法表面差异很大，很难找到切入点和落脚点。但是，在我们看来，恰恰因为"跨行业复制"的难度很大，才有可能产生重大的创新，才有可能形成难以复制的价值和优势。从人类的本性而言，人们往往容易"避重就轻"，但是如果事情太容易了，岂不是谁都能做？先行者的优势也无法确立。相反，有难度的事情，对你难，对别人也难，咬着牙做下去，只要做成了，后来者往往很难追赶，竞争优势也就因此被构筑起来。

"跨行业复制"下的创新，其难点和关键是把握其商业模式的精髓和内在本质，就像麦当劳汉堡可以归纳为"类房地产连锁"模式一样。

所以，只有举一反三、相互借鉴、穿透表象、洞察本质，才能通过“跨行业复制”，实现真正意义上的创新。

另一种创新路径，形象的描述是“从群众中来，到群众中去”，用盛景创新研究院的创新方法论来看，就是“洞察客户需求”。

全球最大的IT服务企业IBM（国际商业机器公司）公司，曾经做过一个研究并从中发现了一个非常重要的结论：全球企业80%的创新来自于客户和合作伙伴。因此，一群西装革履的人待在办公室里开会是无法找到创新的“源头”的，因为创新的“开关”就在客户的办公室里、客户的家里、客户的大脑里。所以，每个企业家都应先问问自己：我们究竟有多少时间是和客户、合作伙伴在一起的?

大多数企业家、创业者一说到客户，往往就兴趣索然，觉得那是基层客服人员的工作；而一说到竞争对手，他们往往兴趣大增，认为竞争是公司战略层面的大事。一正一反，我们已经错过了不少创新的契机。关心客户，会让企业变得与众不同、脱颖而出；而关注竞争对手，则会导致企业陷入激烈的竞争，迷失方向而无法自拔。

商业模式的第一式就是“精准客户定位与杀手级隐性核心需求”，只有天天与客户待在一起，深入了解他们的喜怒哀乐，深入探求他们的烦恼与期待，我们才能发现客户真正的需求，而后才能真正创新企业的商业模式。当你为无法创新而苦恼时，找到你的客户和合作伙伴，从他们身上你会得到启发、找到灵感。

最后，创新还需要两个关键能力：一是行业洞察力，一是开放的心态。“行业洞察力”并不是我们通常理解的“行业经验”。虽然每一位企业家、创业者都在自己的行业中浸润多年，具有丰富的行业经验，但他们往往容易陷入“当局者迷，旁观者清”的怪圈，摆脱不了既有的定式和立场，在一些非核心的问题上纠缠，从而忽略了行业的核心和本质——“不识庐山真面目，只缘身在此山中”。

有的企业家可能会有此类经验——VC的一句话、一个建议，甚至是一个批评，都可能给企业家带来创造性、突破性的理念和思维，甚至让企业少走几年弯路，或是把握住一个难得的机遇。那么，VC的洞察力又来自哪里呢？这在很大程度上源自于VC跨行业、多行业的项目调研、分析、对比、总结所历练出来的“火眼金睛”，这些历练往往能够让他们在很短的时间内看到不同行业的内在本质和模式，而这种穿透力和洞察力正是VC最大的价值和竞争力之一。

创新需要洞察力、穿透力，而革命性的创新尤其需要洞察力、穿透力。要想进行革命性的创新和颠覆，就需要更多的穿透力，从行业的内在本质入手，否则就会陷入千头万绪、重重迷雾之中，很难找到切入点。

从某种意义上看，从行业的内在本质入手进行商业模式创新是创新的捷径。例如，如家酒店的商业模式就是回归到“住店”的本质——客户只需要酒店解决两件半事情，第一件事情是睡个好觉，第二件事情是洗个热水澡，剩下的半件事情就是方便上网。一旦抓住了这个本质，如家酒店发展的路径就会变得清晰而坚定。

同时，在商业模式创新的过程中，企业家需要树立勇于创新的积极心态，激发内在的创业精神，这是成功创新的必要条件。如果企业家的思维已经封闭僵化、故步自封、小富即安，如果企业家已经是“满杯”心态，那么创新之门就已经被实质性地关闭了。

阿里巴巴公司的企业文化鼓励“拥抱变化”。只有敢于拥抱变化，不惧怕变化，我们才能够真正走上创新之路。如果动辄就说“这个不可能，那个我做不到”，那么创新的大门只能对你永远关闭了。只有具备“万事皆有可能”的心态，我们才能在创新之路上看到希望和曙光。在今天，异想，也能天开！异想，才能天开！

第三章

精准客户定位，杀手级隐性核心需求

商业模式第一式，定位精准的目标客户，挖掘杀手级隐性核心需求。形象地比喻就是，“一米宽、一百米深”。

80%的创新来源于客户与合作伙伴，商业模式的创新也是如此。很多企业家、创业者都急迫地想建立独特的创新商业模式，都对竞争对手的经营策略非常关心，但他们恰恰忽略了商业模式中最重要的一环：精准客户定位与杀手级隐性核心需求。这个环节是整个商业模式的基础，某些企业甚至会占用整个商业模式设计80%的时间。所以，我们把定位精准目标客户和挖掘杀手级隐性核心需求放在了商业模式的第一式。

如果各位企业家创业者能够找到精准的目标客户和杀手级隐性核心需求，那么企业商业模式的系统性设计将水到渠成、顺理成章。

精准目标客户定位

每一个企业在设计商业模式时，其首要工作就是选择和定义精准目标客户。在这个阶段，我们最怕的一句话就是“老少皆宜、全部通吃”。也许你的企业经过长期发展已成长为超级企业，可以做到“天下通吃，打遍天下无敌手”，每个人都是你的客户，但是一开始这绝对不可能现实，因为在创新的早期，企业必须找到一个精准的客户群切入——切入越精准，风险越小，成功的可能性越大。在取得初步成功后，你可以再逐步延伸目标客户群。

精准目标客户定位，就要求我们为客户画出“素描像”，当你有了一幅清晰的素描图像后，就可以低成本、快速、精准地找到目标客户。素描越准确，企业进入市场的成本越低；风险越小，收入扩张速度就越快。反之亦然。

每一个成功的商业模式，都源于企业对目标客户的精准定位。

我们来看一个经典的案例。同样是卖螺丝配件，大多数卖家都是按称重来收费，但有一家集团企业却按件收费，而且是绝对的高利润，它是怎么做到的呢？答案当然是这家企业精准地选对了目标客户，满足了客户的刚需需求——这就是伍尔特集团，一家为汽车、轮船、工厂等直销零配件和工具的企业。伍尔特集团的生意覆盖近百个国家，连长年封闭的伊朗都有它的据点，其全球年销售额高达100亿欧元。

伍尔特有这样一个客户——一家名为MSC的意大利邮轮公司，这家公司有 10 艘邮轮，每艘能装载 5 000 人，活像个移动的小镇。既然是邮轮，就要做环球航行，而且一个码头通常只停一天，其间要完成检修工作。这中间，不一定哪个配件需要更换，只有在短时间内配送到位，才能准时开船。而一艘这样的邮轮，具体需要多少配件，我们不得而知，肯定相当复杂，尤其还要在准确的时间把配件送到准确的地点，一般公司很难办到，但伍尔特办到了。

因为伍尔特开发了一套“库存订货系统”，客户可以在网上订购产品。所以，邮轮还没到达港口之前，邮轮负责人就可以在船上下单，订购零配件。接到客户订单后，伍尔特的“仓储物流中心”就开始挑拣订单上所列的产品，其自动化水平令人吃惊：虽然仓库足足有两个足球场大，但计算机化的机械手臂可以把每笔订单所列出的配件，从高度超过 5 米的架子上精准而快速地取出，放进每一个指定的包裹里。支持其运作的是一套“自动化仓储管理系统”。配单完成后，伍尔特就用最快的方式（比如空运）发货，这样，98% 的产品可在 24 小时内送到。伍尔特许多高难度的任务就是这么完成的。

有了这套敏捷的反应系统，伍尔特就能论公斤直接购买零配件，贴上自己的商标，再一颗颗卖出去。就这样，售出价格高了三至五倍。伍尔特卖给这些轮船、飞机运营商们的产品并不是螺丝，卖的是“时间”！

所以，你一定要知道什么客户群是精准定位的目标客户群，对这类客户群的订单你要想尽一切办法拿下来。如果目标客户不购买你的产品，就意味着你的商业模式设计存在问题，或者有关键点尚未打通。除此以外的客户，也就是你定义的目标客户群之外的客户如果购买了你的产品或服务，你要清醒地知道那是额外捡到的便宜，并不值得自豪，有时甚至要主动放弃非目标客户的订单。企业商业模式成功的关键就在于你锁定的目标客户群能否大量地、持续地购买你的产品或服务。

企业定义和选择“精准目标客户”的最大挑战是“忌贪心”，对于资源有限的民营企业以及处于事业发展期的企业更是如此。“中国人口14亿，中小企业4 000万家，每人喝我一碗茶，每人买我一个产品，我就能怎样怎样！”这是很多企业家、创业者天天挂在嘴上的高谈阔论，或者是很多企业家、创业者潜意识的愿望，而这恰恰是企业失败的最大起因。

同时，绝大多数企业与竞争对手抢夺同样的客户群，这几乎是短兵相接的恶性竞争。实际上，商业模式创新往往就从全新的目标客户群选择开始。

中小企业选择客户群贵在“精准而不同”，定义与选择精准目标客户越清晰、越独特，就越有可能避开激烈的竞争。既要“精准”、“一米宽”，还要有“不同”、有明显的差异化。

当企业满足的是“相同客户的相同需求”，那么它必然会落入激烈的恶性竞争。当企业满足的是**“不同客户的不同需求”**，如果你与市场主流企业或竞争对手的主要目标客户群截然不同，那么你就能开创一个全新、卓越的商业模式，开创出一片无人竞争的“蓝海”。

杀手级隐性核心需求

当我们完成了精准目标客户定位后，就要挖掘出目标客户的杀手级隐性核心需求。那么，到底什么是目标客户的杀手级隐性核心需求呢？

一个企业能够满足客户的小需求，那么它就是一个可以生存的企业；如果企业能够满足客户的核心需求，那么它就可以迎来快速发展；如果企业能够满足客户的杀手级隐性核心需求，那么它就有可能成为一家优秀的公司，甚至一家伟大的公司。

所谓“杀手级”是借用了IT行业“杀手级应用”的提法，当客户遇到这个杀手级的产品或服务后，客户会感到很震撼，觉得相见恨晚，往往会自愿埋单，这就叫作“杀手级应用”。

那么，什么是“隐性需求”呢？我们总结了四类隐性需求：第一类是谁都不知道，即客户自己不知道，竞争对手也尚未发现的需求；第二类是客户自己知道一些，但是不完整，所以无法清晰表达出的需求；第三类是客户自己知道，但是无法公开表述的需求，有时我们也把这类需求称为“客户的难言之隐式的需求”；第四类需求在行业内往往众人皆知，但是它尚未被行业内的任何企业所满足。

例如，在广告业就有一句俗语：“任何一个广告都有一半被浪费了，但要命的是，谁也不知道哪一半被浪费了。”典型的现象就是一到电视台放广告的时间，大家就换台，要么抽烟，要么喝杯茶，要么打电话，总之几乎没有人会认真地看广告或喜欢看广告。在“商业模式的力量”高端培训现场与学员互动时，我问过几千名学员这个问题，只有不到1%的学员反馈说他们喜欢看电视广告，仔细一问，这些人大都是广告公司的高管，除此以外，很少有人喜欢看电视广告。所以，无法做到强制观众收看是电视台广告的巨大弊端，广告投放在很大程度上被浪费了。因此，实现“强制收看”是所有广告业主梦寐以求的核心需求。

那么，有没有一种广告模式能够实现“强制收看”？让人喜欢看也得看，不喜欢看也得看，想看也得看，不想看也得看呢？这就是广告主尚未被满足的杀手级核心隐性需求。“强制收看”的需求在广告业内众人皆知，但是尚未被任何广告投放模式所实现。这时，分众传媒的电梯广告横空出世，满足了广告业主“强制收看”的杀手级隐性核心需求。

我们在电梯里或在电梯前排队时，无聊的时候看看广告，可以打发时间。在电梯里，你作为一位男士，看男人会被认为有病，看女人会挨揍，看地板太压抑，看天花板又像“傻帽”，后来发现看广告还挺好！这就在一定程度上实现了广告业主梦寐以求的“强制性收看”。

客户的核心需求就是在隐性需求上再加上两个关键要素，如果这两个要素都能够满足，那么恭喜你，你发现了一座金矿。

第一个要素指这一需求是你的目标客户所必须有的需求，也可称之为“刚性需求”，英文即“must have”（必须要有的）。反之，如果你所满足的客户需求是“nice have”，就是有了会更好、没有也无所谓的，那么这类需求就是非刚性的，这样的需求在拓展市场的进程中相对艰难，推广费用也较高，结果往往是事倍功半。所以，我们应全力满足的应该是目标客户必须要有的需求，这样营销推广就会事半功倍。

如果你试图打造一个大规模的入口型业务，那么你不仅要立足于“刚需”，还要关注“海量、高频”的“刚需”。“海量”表明是市场总量总规模，“高频”代表了与客户互动的频度与次数。如果一个业务满足了目标客户“海量、高频、刚需”的需求，就有可能成为一家独角兽企业（估值 10 亿美元）。

第二个要素是指满足了这个需求意味着为客户提供了独特的客户价值，该需求并不是常见的“大路货产品”所能满足的需求，也并不是谁都想得到且做得到的，它必须与众不同，而且“与众大不同”。在商业模式创新里，你不仅要发现核心需求，还需要实现“刚性需求”和“与众大不同的独特客户价值”这两个关键要素。

杀手级核心隐性需求，其实就是客户内心的一种“渴望”，甚至是“欲望”。发现客户的“渴望”和“欲望”，就像瞄准蛇的七寸一样，一击就中，这就要考验你的洞察力了。

发现、挖掘、满足杀手级隐性核心需求当然不是一件容易的事情，但也并非遥不可及。对于绝大多数的企业家、创业者而言，他们对客户的研究远远不够，对客户隐性需求的关注也不够，过去我们更多地是关注竞争对手，或者更多地关注自己。所以，一个有洞察力的企业家、一个有创新精神的企业家、一个有务实精神的创业者都应善于挖掘目标客户的杀手级隐性核心需求，这是创新的开始，也是实现“与众大不同”的关键所在，更是卓越商业模式的源泉。

中国企业家、创业者对精准客户定位和杀手级隐性核心的需求普遍反馈较难驾驭，其本质是从“传统制造思维”转向“用户思维”中产生的不适应和痛苦，而这恰恰是商业模式创新的前提条件。

正是洞察到了中国中小企业的普遍痛点，盛景在2014年推出了《基于客户需求洞察的创新方法》的高端培训项目，期盼能够帮助中国企业完成从“中国制造”向“中国创造”的全新蜕变。

用90%的时间研究客户，用10%的时间研究竞争对手；用90%的时间研究客户需求，用10%的时间开发产品——这是“用户思维”的企业家所信奉的价值观和行为习惯。所以，你做好准备了吗？

案例

百度公司的起步：满足中小企业营销刚需

谈起中国互联网领域最具代表性的领军企业，“BAT”被大家熟知和经常提及。其中，B（百度）是以搜索平台为核心的互联网信息服务的代表；A（阿里巴巴）是以电商和支付为核心的互联网商业服务的代表；T（腾讯）是以即时通信、社交和游戏为核心的互联网社交领域的代表。如果以30年为一个大的产业周期来看，虽然中国的互联网产业已是近20年的成熟行业，但是BAT在各自领域仍然较好地保持着核心竞争优势。

过去几年，百度在搜索服务的商业化方面，尤其是医疗等特殊领域的搜索服务商业化在社会责任与商业伦理方面受到挑战，在O2O（线上到线下）业务的探索中也有些进退失据，但其核心的搜索业务根基依然稳固，而且，百度在人工智能领域的布局则有望形成反转。

2016年，百度的销售收入超过700亿元人民币，不计入股权奖励支出的净利润为132亿元人民币。在每年超过100亿元人民币的研发投入、O2O业务大量补贴及推广收入的情况下，其净利润率仍然达到近20%。百度在多重负面新闻冲击之下，其赢利能力相当惊人。

今天，百度公司的股票市值约600亿美元，百度移动搜索业务的月度活跃用户人数（MAU）为6.65亿人，这个数字仍在增长，近一半的中国人都是百度移动搜索的用户。如果不考虑18岁以下和60岁以上的人口，百度移动搜索用户的渗透率将更高。百度移动地图业务的月度活跃用户人数为3.41亿人，比2015年同期增长了13%；百度钱包的已激活账户数量达1亿个，比2015年同期增长了88%。

“用户需求决定一切”是百度公司创始人李彦宏的经营理念，它也被列入百度公司的29条准则之中。“如果你的技术是不被市场所需求的，那么其价值就会很低。不要为了自己的喜好或虚荣心而开发炫酷的产品或者技术。决定一个产品好不好，一项技术是否有价值的永远是用户，他们有需求，你就做；他们没有需求，你就不做。”

百度搜索业务的用户是广大互联网的网民和消费者，但用户不等于客户。百度搜索服务的客户，也就是那些给百度贡献搜索业务收入和利润的是全国广大的中小企业客户群，它们的核心需求是希望通过百度这样一个拥有海量优质客户资源的平台，迅速提升企业的知名度并找到自己的客户。因此，百度根据其目标客户的核心需求，推出了百度集合竞价排名和百度精准广告投放等服务。

百度的收入主要来源于百度竞价排名，百度竞价排名是百度国内首创的一种按照效果付费的网络推广方式，用少量的投入就可以给企业带来大量的潜在客户，有效提升企业销售额。一样的关键词，你的网站要想在搜索位置上靠前，就得比别人掏更多的钱，这就是竞价排名。每天大概有超过一亿人次的客户在百度查找信息，企业在百度注册与产品相关的关键词后，就会被主动查找这些产品的潜在客户迅速找到，竞价排名按照给企业带来的潜在客户的点击数量计费，企业可以灵活控制网络推广投入，获得最大回报。

百度商业模式有效地满足了中小企业低金额、可衡量付费的需求，这也堪称目标客户中小企业的杀手级隐性需求。过去，企业在电视台投放广告，没有几百万根本就入不了门，这往往导致中小企业望而却步、知难而退，但中小企业却大多有进行市场推广的强烈愿望。百度模式极大地降低了中小企业客户投放广告的门槛，让中小企业花费几千元就能开始广告投放。此外，中小企业的资金来之不易，它们对广告的效果非常关心，而电视台更适合品牌形象广告，难以立即带来用户。所以，百度模式中所设计的“按点击付费用模式”就使得中小企业在广告效果的可衡量性上迈进了一大步，这些都极为精准地抓住了中小企业的核心需求特征。

正是在“明确目标客户和杀手级隐性核心需求”理念的指引下，百度公司成功地获得了海量的中小企业客户群。据统计，百度公司

2016年每季度平均活跃的网络营销客户数量超过50万~60万家。

“杀手级隐性核心需求”是卓越商业模式的源泉，它威力巨大，不仅能让企业在激烈的竞争中脱颖而出，推动企业实现跨越式发展，实现10倍利润、10年以上持续发展，还能成为细分市场的领导者。

很多企业家、创业者都非常关心商业模式第三式，怎样达到收入倍增，但是，我必须强调的是在商业模式六式里，最重要的恰恰也是最容易被读者所忽视的却是第一式：怎样精准定义目标客户，同时创造性地、有洞察力地挖掘和满足目标客户的“杀手级隐性核心需求”。在此基础上，我们再来探讨商业模式的庞大系统，怎样创造性地获取利润、怎样革命性低降低成本、怎样突破扩张的瓶颈、怎样构筑高竞争的门槛、怎样构建一个系统性价值链，最终形成企业的核心竞争力，真正赢得企业的竞争优势。

如果说商业模式企业经营的“原点”，那么第一式“精准目标客户与杀手级隐性核心需求”就是原点里的“原点”。“精准目标客户与杀手级隐性核心需求”是整个商业模式的“原点”，好的开始便是成功的一半。

第四章

系统性价值链

商业模式的第二式“系统性价值链”，即：企业的上游、下游、合作伙伴、客户，它们如果共同形成一个协同共融的商业生态系统，构建系统性价值链，这便是商业模式竞争的必然要求。当第一式清晰后，即客户的定位清楚了、客户的核心需求抓住了，那么我们就应确定在整个系统性价值链条上，“利润池”到底在哪里？在哪个环节重点投入资源或发力？要颠覆谁？要联合谁？

系统性价值链的两种类型

“系统性价值链”包含各产业共通的“环节价值链”和每个产业各自的“上下游价值链”。

所谓各产业共通的“环节价值链”，最经典的描述是宏碁集团施振荣老先生提出的“微笑曲线”。下图则是盛景在传统价值链微笑曲线基础上，进一步提升和总结出的“以客户为中心”的微笑曲线。

首先，我们结合著名的“微笑曲线”理解上下游价值链。一个企业的价值链是由上游的研发、设计、零部件组装、制造、装配、批发，以及营销、零售、服务等各个环节所组成。如图 4–1 微笑曲线图所示。

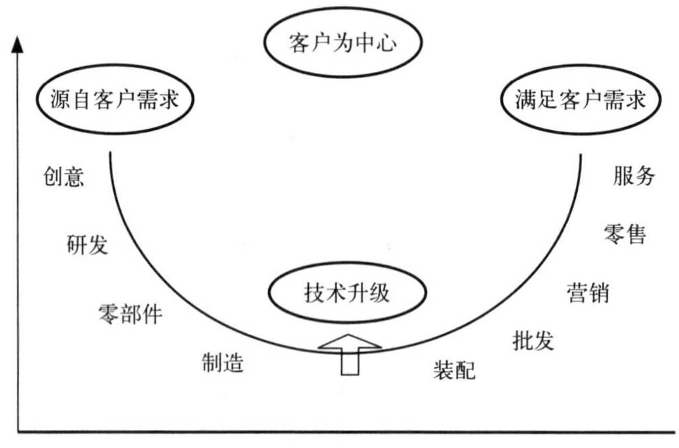

图 4–1　微笑曲线图

盛景版微笑曲线为中小企业在价值链再造上找到了一个核心“抓手”，那就是“以客户为中心”。只有迎着核心客户的核心需求，价值链再造才有其现实的意义和商业价值，这也再次证明了“客户需求”是商业模式的起点。

过去 30 年，中国中小企业将财力、精力都投入到了传统的“生产组装”环节，表现为重资产、低附加值的价值链底部模式。在当前“产能绝对性过剩”的大背景下，这种模式投资额大、风险大，也无法获得合理的利润。所谓“转型升级”，就是指中小企业需要从价值链的底部向价值链两端转移，从而获得合理乃至超额的利润。

在现代企业经营中，如果坚持以“客户为中心”为经营理念，你就更易于理解为什么传统生产环节是低附加值环节了——因为传统生产组装是离客户最远的环节，而营销、服务环节往往既是轻资产的环节，也是离客户最近的环节，所以最受客户关注和重视，获得更高利润也自有其必然性；而研发环节也应基于目标客户的需求才能有效实施，它同样也是离客户最近的环节之一，也是获得高附加值的价值链环节。

企业的核心竞争能力来自于差异化，同质化无法构成企业的核心竞争力。土地、厂房、设备等要素均是同质化能力的代表，它们无法构成差异化，也就无法构成企业的核心竞争能力。在中小企业资源有限、一般性产能严重过剩、生产环节投入大、风险大、附加值低的背景之下，中小企业应坚决避免不适当的一般性产能投入，而要将更多的资源、财力投入到微笑曲线两端的研发、营销、服务环节中，以寻求差异化发展，从而赢得真正的竞争优势，形成核心竞争力。

当然，在C2B（消费者到企业）趋势下，大规模个性化生产交付能力是客户个性化需求所驱动的新型能力，它代表了新的发展方向，具备独特的价值，而且它显然也已经超越了传统制造业的简单生产组装的范畴，需要从客户需求出发反向重构和再造价值链的各个环节。

中国企业的发展大致经历了三个历史阶段，目前正处于从第二个阶段（大规模同质化）向第三个阶段（大规模个性化）迈进和演化的过程之中。

第一个阶段是“小规模个性化阶段”。在这个阶段，客户个性化需求得以满足，但是企业缺乏规模效应，成本较高，无法被复制和壮大。这个阶段被认为是缺乏竞争力的小作坊时代。

第二个阶段是“大规模同质化阶段”。在这个阶段，工厂通过规模化生产的产品都是一样的，客户共性需求得以满足，而客户个性化需求通常被忽略，企业方的规模效应大大提升，成本得以大幅下降，这也成就了中国制造业的黄金时期。

以上两个阶段就是过去30年中国经济所走过的道路。

第三个阶段即“大规模个性化阶段”。在这个阶段，客户个性化需求全面苏醒并不断延展，客户消费升级主要就是彰显个性化需求，而企业方通过逐步运用互联网有关技术、3D打印等新的柔性生产技术，得以在成本可控、规模可复制的前提下满足众多用户的个性化需求，迈向工业3.0、工业互联网等新时代。

国际企业在过去一百年里走过了前两个阶段，目前正进入第三个阶段。而中国企业将前两个阶段浓缩在30年之中基本完成，那么，在“大规模个性化”第三个阶段来临之时，中国企业能否与全球同步，甚至借助“后发优势”引领第三个阶段的发展，这事关中国企业在未来30年能否继续保持或进一步提升竞争力。

在分析了各产业通用的“以客户为中心的微笑曲线价值链模型”后，我们再来分析每一个产业所独有的“上下游价值链”。

因为互联网化、国际化、资本化等商业世界三大“变量”的合力影响，各个行业的“利润池”正在发生巨大的变化，原有的“利润池”正在迁移、干涸、消失（例如传统的书店、售票点正在被边缘化），而新的“利润池”正在涌现和发育之中（例如蚂蚁金服、京东金融等互联网金融业务强势崛起），各个行业的价值链环节正在发生巨大的变化，原有的价值链环节可能正在消失或弱化，变得可有可无，或者即使存在也是利润微薄，而新的价值链环节不断出现，有的甚至是强势登场。

微信之于移动通信行业、支付宝之于银行业、滴滴快车之于传统出租车行业，都是颠覆了传统的价值链环节，颠覆了原有的“利润池”，是价值链颠覆与重塑的典型行业代表。

基于价值链再造与重塑所设计的商业模式才是“登高望远”的企业成长规划中至关重要的一个方面，这也使得商业模式设计成为明显区别于产品、销售等微观层面主题的“顶层设计”。当然，企业经营的宏观层面与微观层面之间既有明显区别，也是紧密衔接的，最终浑然一体，构成了完整的企业经营系统。

价值链系统再造

同行是用来整合的，上下游是用来协同的，异业是用来联盟的，而跨行业复制就是创新。企业家可以通过重新设计各个环节的利润、风险、成本等要素的再分配，创建全新的商业模式，创建全新的上下游价值链系统。

下面，我们透过戴尔电脑的群居价值链系统，来深入理解价值链再造的重大意义与价值。虽然戴尔公司的PC机如今遇到了苹果公司新生代平板电脑的巨大冲击，但是戴尔公司的价值链模式依然值得每一家中小企业关注和思考。

与传统的价值链相比，戴尔电脑的价值链主要有两点不同。首先，它彻底重组了价值链，在戴尔电脑的价值链中没有分销商、批发商和零售商，而是直接由公司把产品卖给顾客，这样做的价值在于准确快速地一次性获取了订单信息。由于是客户直接支付货款，因此还解决了现金流问题（戴尔几乎无须用自有现金来支持其运转）。另外，也消除了零售商所赚取的利润，又降低了成本。其次，戴尔电脑采取了无缝连接的方式，彻底把供应商、客户和服务商三者与自己糅合成了一个完整的无缝链条，并由此形成了核心竞争力。

一位戴尔电脑的忠诚客户说："我一开始考虑购买电脑时，并没有锁定戴尔品牌，但是通过比较，我发现戴尔不但在价格上比其他知名品牌电脑低10%，而且我可以自己设计配置，整个购买服务流程也非常通畅，其他电脑厂商的自我设计配置流程比较烦琐或者根本行不通。所以，我一直使用戴尔的电脑。"我们从中可以得到什么启示呢？

戴尔电脑是现在全世界四大个人电脑公司之一，它的成功就取决于它的直销模式。其实戴尔电脑真正的核心是它的群居价值链，是它的超级柔性供应链能力。为什么IT行业这么多企业在学、想学戴尔电脑的直销模式，却一直学不好？其实直销的外在表象好学，但真正难学的是它的超级柔性供应链。

直销的好处是把经销等中间环节消灭掉了，所以能以比较低的价格提供产品。同时，用户直接订购货物，实现了个性化配制，但是这一切都需要戴尔电脑建立起一个强大的柔性供应链系统。戴尔电脑的组装环节都是自己完成，并不外包，这与绝大多数的美国IT公司都不一样。

戴尔电脑的工厂和它的零部件供应商之间完全实现了无缝连接。为什么叫“群居”价值链？因为这些零部件供应商的仓库都必须围绕戴尔电脑的工厂建立。戴尔电脑的群居价值链不仅是物理上的，更多是信息上的无缝集成。因为戴尔电脑将它未来3个月的零部件需求，通过互联网与它的零部件供应商进行实时信息共享，这些滚动的需求信息让零部件供应商得以很好地管控自身的供应链与库存风险。

在“群居”价值链之下，每当戴尔电脑下一个正式订单，它的零部件供应商就必须在75分钟之内把零部件送到戴尔电脑的中转仓库。75分钟的送达时间实在是太短了，所以这些戴尔电脑零部件供应商的供货仓库只能围绕戴尔电脑的工厂来建设，这样一种群居模式形成以后，戴尔电脑一家日产26 000台电脑的工厂，其中转仓库只有9平方米。“群居”价值链大大提高了效率，大幅降低了成本。戴尔电脑的“群居”价值链是一种高度透明的、互信的机制。

戴尔曾不止一次地宣称过自己的“黄金三原则”：坚持直销、摒弃库存、与客户结盟。戴尔的模式在美国一般被称为“直接商业模式”（Direct Business Model）。戴尔的价值链系统再造，为戴尔的直销商业模式奠定了坚实的基础，为戴尔在过去20多年来的业绩立下了汗马功劳。

与传统的商业模式相比，戴尔公司的系统有着完全不同的特质。戴尔客户服务中心经理里克曾表示："在由直销推动的供应链方面，戴尔的优势几乎是不可撼动的。我怀疑，到底有多少人能真正明白其中的奥妙。"

如果我们深入探讨戴尔公司商业模式的实质将不难发现，从现代管理学意义上讲，戴尔的成功源于它建立起了一条高速、有效的供应链。"直销模型和在供应链中通过网络进行的不间断信息调整，是戴尔供应链的成功关键。"戴尔的这位经理一语道破天机。

仔细分析戴尔直销模式的实现方式，我们可以清楚地观察到戴尔特色供应链的脉络。一方面，戴尔通过电话、网络以及大客户面对面的接触，与顾客建立起良好的沟通和服务支持渠道。另一方面，戴尔也通过网络，利用电子数据交换连接，使得上游的零件供应商能够及时、准确地知道公司所需零件的数量和时间，从而大大降低库存。这就是戴尔所谓的"以信息代替存货"。这样，戴尔和供应商建立起一个"虚拟"的企业，共同完成直销任务。

简单来看，传统的流水式生产线是这样运行的：一台机器放在生产线一头慢慢移动，每个操作员都在自己那一站加入他所负责的零件，一直到生产线的末端。这样的流水式生产线通常适用于同一规格产品的大量生产，其优点是速度快、效率高，缺点是弹性较差。

戴尔全球的生产都是区域式生产线，而非流水式生产线。它每一个工作区的流水链条运行时并不是直接穿过去，而是转个弯到这个区域来。这里摆满了各种各样、不同规格的零件，每一台机器都有一种要求规格，与其他产品的要求可能完全不一样；而且每一个批量就是一台，它可能跟前一台或后一台都不一样。这就是戴尔供应链的最大特色。

事实上，戴尔能够做到大规模的定制，其核心在于它的供应链系统早已打破了传统意义上“厂家”与“供应商”之间的供需配给。在戴尔的业务平台中，客户变成了供应链的核心。戴尔的一位供应链负责人曾谈道：“由于戴尔的直接经营模式，我们可以从市场中得到第一手的客户反馈和需求。然后，其他业务部门（如生产部）便可以及时将这些客户信息传达到戴尔原材料供应商和合作伙伴那里。”

一般情况下，戴尔的物料库存相当于4天的出货量，而竞争对手的库存量则相当于近30天的出货量。在PC制造行业里，物料成本每星期大约下降1%。所以，如果戴尔的某一竞争对手的库存量相当于4个星期的出货量，那么反映到产品底价上，就意味着戴尔有3%的优势，而这在竞争极为激烈的PC行业无疑是一种巨大的竞争优势。当然，还有戴尔供应链完全支持直销，彻底取消了分销系统直至零售终端所带来的成本。

此外，通过网络和其他工具，戴尔每天与全球几万名客户直接对话，这和通过渠道慢吞吞地收集上来的不准确信息完全不同，这也让戴尔从统计学的角度迅速地知道有多少真实的客户需求。如果这些需求导致某一部件出现短缺，戴尔会通过系统告诉供应商。所有交易数据都在网络上不断往返，无论是长期规划数据、未来4~12个星期的预期批量，还是每隔2个小时更新一次的执行系（即用于自动发出补充供货请求的数据）。调整的次数越多，戴尔和它全球的400多家供应商就越接近最低库存。

戴尔公司于2013年以约244亿美元市值私有化——私有化将有助于戴尔将更多的资金投入研发，从而研制出更好的家用和商用产品。2015年10月12日，戴尔宣布将以每股33.15美元的价格收购EMC（易安信，一家美国信息存储资讯科技公司），交易总价670亿美元，从而成为全球科技市场最大规模的并购交易。

戴尔正在着力聚焦于企业级市场。这笔交易将帮助戴尔迅速迈入仍在快速增长的存储市场。“VMware（威睿，虚拟机软件）被认为是戴尔与EMC交易中最重要的一部分。EMC当前持有VMware大约80%的股权，市值约为320亿美元。消息人士称，在交易完成之后，即便是抛售部分VMware的股权，戴尔仍将持有该公司的控股股权。VMware是一家非常有价值的公司。”

虽然戴尔电脑受到苹果iPad等新终端的巨大冲击，但戴尔闪转腾挪，仍然是一家市值千亿级美元的IT巨头。无论戴尔的未来何去何从，戴尔的超强柔性供应链仍然值得各位企业家研究和借鉴。中国正在进入“新制造、新零售”时代，戴尔的超强柔性供应链是一个样板案例。如何实现大规模个性化定制？这是每一家实体产品企业必须考虑的核心能力建设方向。

价值链系统再造是商业模式的实践中难度较大的部分，因为它需要重新联动生态系统中的各方和各环节，让大家步调一致，形成全新的运营方式。这个生态系统不但包括上下游、同行业的联合，还有可能是跨行业的联合，虽然实施复杂度大，但是成功实现后形成的竞争优势也相当明显。

“系统性价值链”的商业思维

“系统性价值链”不仅是商业模式第二式，更是一种商业思维方式。

21 世纪企业的竞争不再是单枪匹马的竞争，不再是单打独斗的竞争，而多是系统与系统之间的竞争、整个价值链与价值链之间的竞争，我们可以形象地称之为“打群架模式”。

例如，大众汽车并非是单一的大众汽车，展现在我们面前的是大众汽车庞大的价值链系统，它由千家研发外包公司、数千家零部件供应商、数万家销售服务网点共同构成。所以，当你要和大众汽车竞争时，它的背后是由一整套庞然大物般的系统性价值链在支撑着。

在大多数项目里，如果我们能够建立一种透明而互信的机制，整个系统之间的效率最高、成本最低、风险最小。商业模式的设计首先需要设计整体价值链的整体利益最大化、整体成本最小化、整体风险最小化，而后，在此基础上合理地划分与分配各个环节的风险、利益、职责等。

企业建立价值链系统或者建立生态系统，我们把它称为“商业模式的布局”。在这样一个价值链生态系统里，每一个企业都扮演着不同的角色——有的企业是武林盟主；有的企业是分堂主；有的企业只是会员而已；而有的企业一不小心就变成了“孤魂野鬼”，没有同盟军，总是单枪匹马。

“武林盟主”首先意味着责任，在这个庞大的生态系统里，如果有人遇到了困难，就需要你帮助他；在这个庞大的生态系统里，如果有人出了事，可能需要你来承担责任；最重要的是，你要“先天下之忧而忧，后天下之乐而乐”，在这个庞大的生态系统里，可能是别人先赢利，你最后才赢利。当然，你可能是最终赢利最多的企业，但毕竟是别人先赢利，你仍存在相当大的风险。所以，对武林盟主来讲，责任大于权力。

如果你是“分堂主”，那么你要注意，“分堂主”最重要的品质就是在“武林盟主”举起大旗时，你能抛头颅、洒热血、开疆辟土、打下江山，成为其中有贡献的一分子，而不是在观望、等待中错过机会。

如果你是“会员”，就要具备选择“明主”的能力——到底谁在未来是能够做大的，你对此要有创造性的、前瞻性的眼光，要有买“期货”的眼光。

如果你对这三种角色都找不到感觉，那可能就是“孤魂野鬼”了，而孤魂野鬼通常意味着被无情地抛弃、被残酷地淘汰。21 世纪的竞争是系统与价值链之间的竞争，所以，每个企业都要找到自己的流派、找到自己的组织或平台，不要被动地当了“孤魂野鬼”还浑然不觉。

这个世界就是一个大圈套小圈、大圈外面还有大圈的循环过程。在某个生态系统里，你是一个“武林盟主”，但是在更大的生态系统里、更大的领域里，你可能就只是一个“分堂主”了，甚至只是一个普通会员。

在价值链生态系统中，每家企业也一定有多重角色，你要清楚自己应该怎样在你的系统里做好“武林盟主”，承担应尽的责任。当然，你也有机会享受最大的回报。那么，在更大的生态系统里，怎么做好“分堂主”或者“会员”的角色，这就要求我们善于融入一个更大的生态系统，善于利用他人的更大的系统性优势资源来推动企业更好、更快地发展。

案例

盛景网联：全球创新的超级连接器

从我 2007 年创办公司至今，盛景网联迎来了 10 岁的生日，其间历经坎坷，我们也逐步成长为中国最大的创新创业服务平台，定增市值达到 100 亿元人民币，兄弟单位盛景嘉成母基金在管基金达到 100 亿元人民币。我们正在成为全球创新超级连接器。

十年日新、不忘初心，“赋能中小企业，加速中国创新”是盛景的使命。盛景既是”商业模式六式”的提出者、传播者，也是“商业模式六式”的忠实实践者。盛景自身的发展和成长就源自于对“商业模式六式”全方位的探索和实践。

因为创新服务领域是一个新兴领域，所以从规模的角度看，盛景网联还只是一家中小企业，这也使得盛景网联具有特殊的样本作用，能够揭示一家中小企业如何通过商业模式创新成长与发展。而且，鉴于盛景本身是创新方法论传播者的特殊角色，盛景的发展将极大地鼓舞更多中小企业走上创新之路。

创业之初，盛景也在不断思考、厘清和迭代自身商业模式的第一式：我们服务的客户是谁？客户的核心需求是什么？

首先，盛景的核心客户坚持聚焦在中小型民营企业。为此，盛景避开了政府或国有企业、大型企业集团、大型金融机构等多数人追逐的大客户，拒绝了很多定制化内训的诱惑机会，即使一个订单高达数百万元，盛景也抵制住了诱惑，坚决说“NO”。

基于10年持续深入系统性研发，历经三万家学员企业多年的深入实践，在面向中小企业创新资本实用性方向，盛景的口碑超越了传统商学院，这也是为什么在不发商学院证书的情况下，盛景吸引了超过三万家企业家学员的原因。

但这仅是开始，以实用实效性为第一原则，盛景构筑了以知识为内核的平台型商业模式，将面向中小企业的各品类赋能和加速能力汇聚到盛景平台上。平台的一边，是对创新和资本有迫切需要的成长型中小企业，另一边则是为中小企业提供成长和加速服务的“供给侧”服务商，如VC及PE等投资机构、猎头等人才服务机构、技术转移公司、券商律所会计师等资本服务机构等。

盛景网联作为中国最大的创新资本服务平台，深度连接了中国、美国、以色列等所有顶尖的天使投资、VC及PE，其联动基金规模达到数千亿元人民币；同时，盛景网联也连接了数百家主流的券商、律师、会计师、财务顾问等中介机构，为中小企业提供一站式的资本服务，助力中小企业在新三板挂牌、IPO、股权融资等方面的运作，快速增强企业实力。目前，已有超过1 500家盛景学员企业在新三板挂牌，累计融资已超过150亿元人民币，未来三年将有300家公司成功完成IPO上市。

盛景网联的兄弟单位盛景嘉成母基金在管基金已经超过100亿元人民币，它全部围绕创新、创业、创意，全覆盖投资了全球几乎所有主流顶级投资机构，如高瓴、红杉、君联、经纬、真格、美国KPCB（凯鹏华盛）、Accel（一家国际风险投资公司）、A16Z（位于硅谷的风投公司）、以色列JVP（风险投资基金）、Viola（以色列私募基金）等，成功布局全球创新的制高点。

透过母基金模式全覆盖全球顶尖基金，盛景嘉成几乎成为全球新一代创新公司的间接投资人。因此，透过母基金投资的顶层设计，将高效、广泛连接全球创新要素与资源，有力地加速了区域创新生态系统的高效建设。

同时，盛景嘉成基金战略性地投资了“优客工场”（中国最大的创业联合办公社区）、“长城会”（全球最大的移动互联网创业者平台）、“创业邦”（中国最大的创业媒体）、“DDU”（全球化创新联合办公）、F50

（美国硅谷最大的创业平台）、"易观新电商"（新电商加速）、"致远互联"（中国最大的协同办公平台）、"和创科技"（最大中小企业CRM服务商）等数十家领先的中小企业服务平台与机构，构建了庞大的双创服务平台与生态，可为中小企业提供全方位的转型升级、创新成长服务。

同时，在集聚了创新五大要素基础上，盛景重磅推出了"盛景全球创新大奖—SJ GIA"（10亿承诺投资、30亿联动投资）与"盛景国际加速器模式"，吸引了来自中国、美国、以色列、欧洲的3 000多家优秀创新创业公司参赛，推动了全球创新企业"带土移植"来到中国，推动了创新人才汇聚与国际技术转移的发展，同时全面提升了中国在全球创新领域的影响力和美誉度。

以色列是全球范围内的重要创新中心，更是"一带一路"战略的关键节点，盛景一直将以色列作为集团全球化创新布局的核心阵地进行深耕。盛景嘉成母基金作为国内最早投资以色列顶尖基金的市场化母基金，通过创新投资生态布局，已投资JVP、Viola、CPI、Vintage等以色列顶尖基金和项目近1亿美元，业已成为以色列本土基金最大的海外单一机构出资人，从而具备了高质量、平台化深度连接以色列优秀科技创新企业的独特能力。

同时，盛景嘉成母基金在美国硅谷投资了KPCB、Accel、Menlo、IVP、A16Z、Foundation、Vista等顶尖基金和项目约4亿美元，成为多家美国顶尖基金亚洲地区第一（甚至是唯一）投资人。

2016年起，盛景网联围绕创新五大要素——创新方法论与工具、资本、技术、人才、市场，将在全国逐步建设实体"创新服务集群中心”（节点），并通过在线互联网模式（连线）实现全面覆盖，将众多全国和全球卓越创新服务机构与数十万家中小企业进行高效对接，解决创新服务领域严重的信息不对称，进而形成创新集聚效应和化学反应，高效构建“中国创新服务高速骨干网络”。

历经10年耕耘，盛景已经成为中国全球化创新的新名片，成为全球创新的超级连接器。盛景网联如何从一家培训公司蝶变为一家全球创新超级连接器？归根结底就是因为盛景在商业模式第二式的“系统性价值链”实现了化学反应，透过以知识为内核的平台型商业模式，通过联合全球各个品类的合作伙伴，为中小企业提供创新资本的全面赋能服务，进而逐步实现了全球创新超级连接器的独特价值。

第五章

收入倍增赢利倍增

当我们找到了精准客户定位、杀手级隐性核心需求，找到了满足这些需求的方案，并且研究了行业的系统性价值链之后，我们就有了坚实的基础来深入分析商业模式的第三式——收入倍增、赢利倍增。

赢利是企业生存和发展的基础，赢利倍增是企业快速发展的主要途径和推动力；同时，它也能帮助企业不断拉开与竞争对手之间的距离，为竞争对手和后来的进入者提高竞争门槛。

收入倍增模式中的经典范例就是“开门性产品+高利润产品”的组合，例如“惠普打印机+墨盒”或是“吉列刀架+刀片”，企业通过“开门性产品”迅速获得广大的用户群，通过“高利润产品”获得丰厚的利润，实现收入倍增、赢利倍增。

企业的商业模式设计中如果没有好的“开门性产品”打造入口，那么即使企业产品的毛利率较高，也会因开拓客户群异常艰难而最终欠缺规模，自然也谈不上什么赢利了。如果企业的商业模式设计中有一个可有效获得广泛客户群的“开门性产品”，但它缺乏“高利润产品”的组合拳，那么企业就有可能陷入客户群广泛、最终利润微薄的局面。与此同时，企业设计的商业模式需要将“开门性产品+高利润产品”形成极为紧密的结合，实现较高的连接率转化率，否则也无法达到预期效果。

收入倍增赢利倍增的六字要诀就是“入口—变现—连接”，“开门性产品”打造入口，多为“海量、高频、刚需”，“高利润产品”实现变现，两者之间需要无缝、紧密的连接与转化。

以麦当劳为例。麦当劳在全球几乎成了“汉堡”的代名词，所以汉堡是麦当劳名气最大、销量最高的产品，但是汉堡利润比较低。通常麦当劳的客户都是为了吃汉堡而来，但是在实际消费的过程中，却免不了又去购买比汉堡利润更高的薯条、可乐等产品。这样，虽然麦当劳在汉堡上赢利不多，但是通过汉堡产品做“名”和“量”，通过小吃和饮料产品做“利”，麦当劳的销售规模和利润都得到了有效的保证。

像麦当劳的汉堡这样有名气或有销量的产品或业务往往是企业的敲门砖，我们称之为“开门性产品”，有了它就容易吸引大量的客户。通过它引入客户，再将客户导入到薯条、冷饮这样的“高利润产品”，就能使企业的赢利倍增。运用这个方式来增加收入、增加赢利的企业不胜枚举，只要留意，你就会发现它们就在你身边。

随着社会演变，人们越来越追求健康的生活，汉堡包被认为是非健康食品，这就导致麦当劳的“开门性产品”开门不畅，从而在客观上导致麦当劳的业务发展受阻。

有的企业虽然当前的赢利状况仍不尽如人意，还没有找到实现赢利倍增的有效途径，但是它已经打造了一个有着巨大市场需求的“开门性产品／服务”，并且获得了广泛的客户群，这也是实现赢利倍增非常重要的基础。如果该企业能够进一步设计并开发出一个“高利润产品或服务”，并让它和“开门性产品／服务”之间产生紧密的关联，就有望实现赢利倍增的目标。

反之，如果有的企业已经有了“高利润产品或业务”，但是缺乏足够的市场覆盖，营销推广不畅，那么也不要轻易放弃。这类企业需要做的就是设计并打造一个“开门性产品／服务”，以实现快速发展并积累用户。

腾讯公司之所以成为目前中国互联网领域市值最高的公司，就在于它在开门性产品和高利润产品之间实现了完美的集成和协同。想当年互联网泡沫破裂时，腾讯公司试图以100万美元出售却无人接手。然而，2016年，腾讯的财报数据显示其营业收入已高达1 519亿元人民币，净利润414亿元人民币，净利润率27.3%。上市13年来，腾讯的股价从最初发行时计算，到2017年累计涨幅已经高达100多倍，股票市值也突破了3 000亿美元，成为中国市值第一，跻身全球市值最高的十大公司之列。

腾讯公司就是通过微信、QQ即时通讯软件等“开门性产品”获得了海量的客户群，保持了极高的黏度和活跃度，并且通过网络游戏、金融支付等高利润产品获得了超额利润。2016 年，腾讯公司在两大社交产品微信和QQ的月活跃用户数分别为 8.89 亿和 8.68 亿。当如此惊人的访问量被成功地转化为网络游戏、金融支付等高利润业务时，腾讯想不赢利都不可能了。

如果说 2003 年以前，腾讯只做了即时通信（QQ产品）这一件事，从而奠定了腾讯帝国的基础，那么 2011 年以后的辉煌则应该归功于微信。腾讯自 2011 年 1 月 21 日推出微信后，短短几年，它几乎完成了对中国移动互联网用户的全覆盖，腾讯的股价也开始了一路飙升、屡创新高。

有一款高利润产品的公司相当普遍，但为何多数公司未能实现规模化成长？因为它们缺乏“开门性产品”导入大量客户，所以“巧妇难为无米炊”，只有在海量客户的基础之上，所谓的“高利润产品”才能真正创造海量利润，否则这就只是一个小而美的生意。

当年，马化腾曾经一度想将腾讯以 100 万美元出售，是因为腾讯当时仅有“开门性产品”QQ的增长，并未实现网络游戏等“高利润产品”组合，所以公司现金流压力巨大，看不到希望，获得VC融资也极难，可谓是英雄气短。

所以，“开门性产品”与“高利润产品”缺一不可，它们必须形成完美的组合与协同。

赢利环节的重组与改变

过去，中国的大部分企业只是靠卖设备、卖产品赢利。但是，当我们和国际接轨之后才发现，原来商业的竞争是有不同层次的。更高层次的竞争不仅可以靠卖设备和产品赢利，还可以靠卖服务、卖耗材、靠运营分成获取更为丰厚的利润。这样，赢利的载体变得更丰富了，赢利的环节也变得更具多样性了。下面我们就通过几个典型案例进行深入解析。

案例

利乐：一家你天天接触却并不了解的千亿公司

利乐，英文叫TetraPak，1951年诞生于瑞典，是一个在全球范围内提供液体食品包装设备、技术服务、包装材料的大型跨国集团，公司最核心的产业就是一种特殊的拥有自主知识产权的液体包装材料，俗称“利乐包”。

利乐集团2015年的销售收入为143亿欧元，其利润超过了150亿元人民币，其赚钱能力堪比中国互联网巨头。虽然每天有上亿中国人在使用利乐的产品，但是利乐公司在中国的消费者面向一直比较低调。直到2012年1月，中国商务部对利乐涉嫌垄断行为进行立案调查，利乐才引起广泛关注。包装材料在整个商业价值链中普遍被认为是低值、低价、趋同，很难确立差异化，这个行业内竞争激烈、量大利薄。而一个做包装材料的公司居然会被判定“垄断”，从另一角度来看，足以说明其商业模式独特而强势。

谈到利乐，我们一定无法回避中国奶业市场的发展历程，利乐被认为是中国奶业爆炸性增长的幕后推手，也是蒙牛和伊利两家中国乳业巨头快速成长的幕后导演。更令人诧异的是，虽然蒙牛、伊利是中国乳业的前台明星，花钱打了很多广告，其品牌广为消费者认知，但是从利润和赚钱能力来看，利乐才是中国奶业发展背后最大的受益者。整个中国奶业都在为利乐打工，这也成为利乐遭受“反垄断调查”的原因。

利乐自1972年进入中国，它很有远见地看到了中国乳业市场庞大的发展空间，利乐公司的实际控制者、创始人家族成员盖德·劳辛来华考察时，颇有远见地指出：“我们首先要做的是，让中国人喝奶！”随后，从20世纪90年代末开始，伊利、蒙牛在利乐的扶植下迅速在随后几年间打开了中国的常温奶市场，利乐从而在中国市场进入超高速发展期，并走向顶峰，中国市场占据了利乐全球市场的30%左右。

利乐商业模式的创新，源自于利乐把传统“卖包装设备”的商业模式改为“送设备，卖包装耗材”的商业模式。利乐放弃了赚取包装设备的短期收入和利润，支持蒙牛和伊利在常温奶领域产能的快速扩展，迅速改变了中国市场传统以低温奶为主的模式，蒙牛和伊利的市场从北方扩展到全国，实现了业绩的爆炸性增长。

但是，业绩高速成长的背后，蒙牛、伊利又被利乐锁定了包材的采购，从而对利乐形成了重大依赖，利润也源源不断地被利乐挣走了。据2015年蒙牛上市公司财报披露，2015年蒙牛的营业收入达到了490亿元人民币，毛利率31.4%，成本率大约68%。而且在蒙牛31%的毛利率之中，还要支付高额的销售费用，海量的营销、广告等市场支出。同时，蒙牛有4万名员工，这也是一个巨大的成本支出。相比之下，利乐很少做面向终端消费者的巨额广告，而且在中国市场，利乐只有为数不多的数千名员工。

根据蒙牛财报的披露，一整盒奶的成本当中有大约40%到50%用于支付包装耗材。按照蒙牛目前常温奶（也叫UHT奶）大约200多亿元的收入规模测算，蒙牛每年对利乐包装的采购额大约为70亿元人民币。蒙牛如此大的规模，但其利润率不到5%，比很多制造业还要低，这毫无疑问是一个大规模、低利润的商业模式。

伊利的情况也和蒙牛类似。所以，仅仅蒙牛和伊利两家公司加起来，利乐在中国的营业收入就接近150亿元人民币以上，更何况还有很多类似汇源果汁等其他饮料品牌也都在大量使用利乐的包装耗材。

据统计，利乐目前在中国的总产能大约为600亿包，平均到每个中国人是40包。如果这些产能完全释放，按照一个利乐包材大约四五毛钱的收入来计算，也是超过200亿元人民币的营收规模。而这样一个超过200亿元人民币营业收入规模的公司，广告和营销费用支出极少，其净利润是非常可观的。

按照传统的商业模式，很多卖设备的公司的痛苦都在于：开拓客户不易、耗时长、成本高，而且客户关系建立起来之后，往往是一生交易一次，或者是5年、10年交易一次。从某种意义上看，这是一种自掘坟墓型的商业模式。

设备卖一台就少一个客户，好似狗熊掰棒子，这类企业每年的销售订单和收入都清零，难以持续增长和积累，对比之下，利乐公司毫无疑问是一种一生一世的商业模式，不靠一生一次的设备销售来赚钱，而是靠可持续的、长久的耗材销售实现持续赢利。

设备市场的销售规模是有限的，但是由此而衍生出来的耗材、运营、服务、零部件等市场却可能达到数十倍、数百倍之大。利乐不卖设备，卖耗材，在这个过程当中，设备变成了开门性的产品，耗材才是高利润产品。通过设备加耗材的连接与转化，利乐最终实现了商业模式的第三式——收入倍增，赢利倍增。

利乐的商业模式并非是孤例，吉列也采用了类似的商业模式。吉列低价刀架加消耗性刀片赢利的模式，与利乐送设备卖消耗性包装耗材赢利的模式异曲同工。同样，惠普打印机也是类似的模式——惠普打印机不靠打印机的硬件设备来赚钱，而是靠不断销售耗材——打印墨盒来获取丰厚利润。所以，在美国，吉列刀片和惠普打印机墨盒都被认为是和印美钞一样的暴利商业模式。

“送设备卖耗材”模式，仅仅是利乐商业模式创新的表象。试想一下，如果没有中国乳业市场的高速增长为前提，“送设备卖耗材”的模式只会让利乐资金链断裂或崩盘，甚至血本无归。所以，“送设备卖耗材”模式成立并成功的前提，就是包装耗材的海量销量。可见，利乐公司商业模式的成功源于利乐是一家赋能型的公司，能够赋予其客户成长的能力，帮助它的客户成功，这才是利乐的核心价值所在。

因此，某种意义上讲，利乐是一家咨询公司，是一家能够给客户赋能的新型咨询公司。伊利和蒙牛早期的市场崛起可以说是利乐一手导演、推动的结果。无论是产品设计，还是零售终端的营销策略，甚至是宣传广告语、零售终端的产品堆头和促销方案，当然还包括供应链和后台运营体系，尤其是团队的培养等，利乐都投入了巨大的人力和物力。当初，利乐的做法甚至被认为是不务正业，但是正是这种“不务正业”的做法，才能帮助它的客户——蒙牛、伊利等乳品、饮料企业取得快速的成长和成功。

推而广之，每一家做B2B的企业（也就是其客户是机构或企业的公司），其最顶层的商业模式都应该成为一家赋能型的机构，成为有培训咨询、资源整合、系统化解决方案的赋能型机构。使“帮助客户成功”成为企业的核心能力和商业模式设计的顶层出发点，这是利乐成功的关键。

不难预见，伴随利乐的巨大成功，新的竞争者和模仿者也会出现，因此利乐必须不断强化其竞争壁垒和控制力，雄厚的技术积累和研发投入至关重要。

利乐是一家技术型驱动的公司，目前有5 000项专利。全世界在液态奶领域的包装企业总共有四五十家，毫无疑问，利乐的质量代表了最高的水准。

据一位亲身参观过利乐工厂的乳业协会专家讲，2004年他曾参观过利乐瑞典的工厂，他发现工厂中2/3的员工都是研发人员，几乎每一个环节都配有工程师，负责组装的工人只占到1/3，利乐公司投入的研发资金几乎占到其利润的1/3。这也是世界上其他工厂很难做到的。

正是由于持续不断的技术创新的积累，使得利乐在绑定客户的同时，也给客户创造了更高的价值，这才是利乐和其客户的合作关系得以长期维系和保障的原因。没有高品质的产品和服务，或者这些高品质的产品和服务没有给客户带来最终价值和竞争优势，那么任何商业模式的设计都不可能持久。

利乐之所以取得了商业模式上的巨大成功，最根本的原因是它以客户为中心，以终为始，以最终消费者的痛点和需求为引领，反向重构了整个食品产业链，解决了产业链各个环节的痛点与困难，并帮助它的客户赋能成功，待客户做大做强后，利乐又成为利益的分享者，最终成为包装产业的盟主与霸主。正是这种先进的商业思维理念，才推动利乐公司取得了巨大的成功。

赢利模式的转变：利润倍增阶梯

利润扩张阶梯是一种非常有突破性的赢利模式，也是一种非常有趣的赢利模式（见表5–1）。这个方法首先告诉我们赚取利润并不单纯靠辛苦努力，而是你的赢利模式就已经决定了你能否赚到大钱。

表 5–1　利润扩张的阶梯：风险逐级递增，回报也逐级放大

赢利模式	某户外广告公司潜在模式
服务费	传统模式：广告费
分成费	整合营销传播收取分成费
代理销售（销售额比例）	优质产品运营商初级模式
买断模式	优质产品运营商高级模式
投资公司的股权模式	VC模式

读者可以想想企业或项目如何从服务费到分成费，再到代理销售模式、买断模式，最后到投资公司的投资模式。我们以一家户外广告公司为例来解读，相信大家会有更为清晰的理解。

户外广告公司收什么钱？过去以“广告费”为主，广告费本质是什么？我们不难发现，广告费的本质就是“服务费”。但是，现在由于市场的激烈竞争和客户对广告的投入产出抱有疑问，担心广告效果无法保证；也有很多客户因为实力不够，想投广告却没有足够的资本。所以，这家公司的户外广告业务在市场拓展中遇到了很大的阻力。该如何突破这个瓶颈呢？

从客户需求和市场竞争态势深入分析，形成如下方案：首先是产品服务形态的改变。从过去户外广告的销售转型为整合营销服务，不仅帮助客户设计完整的市场营销和推广方案，还全权负责帮助客户落地实施；收费也相应地从过去单一收广告费（服务费）的方式转变成按服务付费和按效果付费这两种模式。如果选择按效果付费用，客户前期可以

不付款，最终从销售业绩的提升中按比例分成。例如客户去年销售额为1亿元人民币，今年如果通过实施整合营销，销售额增长到2亿元，那么增长部分的10%（也就是1 000万元人民币）将作为企业的服务佣金收入。

这样算来，按效果付费的分成方式比原来单纯收广告费会多出不少，但责任和风险也比以前大很多。如果整合营销没有达到预期效果，没有带来客户业绩的增长，那么广告公司就白干了。导致营销方案失灵的原因可能很多，可能是产品本身没有竞争力、客户的团队执行不到位，或者市场的培育需要时间，这样对广告公司的专业能力也会提出更全面的要求和挑战。所以，要实施这种分成模式，需要广告公司对客户的公司、产品、团队和供应链等方面有深刻而精准的判断，对客户的选择也要非常谨慎，整合专业资源的能力也要更强。

所以，为了进一步推动企业赢得竞争优势、掌握主动权，企业可以再向前一步，成为客户（广告主）的销售代理商，从而获得20%~50%的销售佣金和返点。这种回报模式的放大性无疑比10%的佣金分成模式更高，这样不仅可以帮助客户策划和实施整体营销方案，而且可以直接销售客户的产品，在推广广告上直接留有广告公司的咨询电话。可见，回报在放大，风险也在放大，因为这种代理模式往往需要配备一个销售团队承担代理销售的职能。

代理商模式通常可以在两种不同层次上运作：一种是纯代理的初级模式，另一种是买断经营的高级模式。如果你的广告客户缺乏财力，或者对某个产品没有把握做大，而广告公司通过市场研究认为这款产品热卖的潜力很大，而且自己又可以负担得起前期的投入，那么就可以考虑买断经营模式。也就是说，如果广告公司花了 1 000 万元人民币来买断或包销某个产品，定价由广告公司自己决定（初级代理商模式的产品市场定价通常由厂商决定），最后广告公司把这个买断产品销售到 1 亿元人民币，那么广告公司的利润将非常丰厚，远远大于初级代理商模式。

就如某些电视购物公司买断电视的垃圾时间，同时买断产品的供应，最后产品的定价跟供应商没关系，并且通过电视台垃圾时段的电视直销，将营销成本降至足够低，这样利润空间自然就出来了。

当然，此时广告公司自身所承担的风险更大了，因为它不仅需要配备销售团队，还需要考虑增加商品库存。所以，从控制风险的角度来看，广告公司一定要选择优质产品、潜力产品，这样寻找优质产品就成为关键中的关键了，这就叫作“优质产品运营商模式”。相比单纯代理的初级模式，买断经营模式无疑是更高级的模式，也是更具壁垒的商业模式。

如此一来，这家广告公司就不再是一个传统的广告公司了，它摇身一变，成为优质产品的运营商——不但要甄选和采购优质的产品，而且要策划并实施高水准、有实效的营销方案，最终获取丰厚的利润。在诸多环节中，其风险也层层放大。如果广告创意不好，那么这仅仅是白干的问题；如果是买断经营，那么还要承担大量库存的风险以及销售团队的成本。这和一般的广告模式已经有了很大的区别，风险在不断加大；

与此同时，赢利的空间也在迅速加大；更重要的是，它从“被动服务模式”转向“主动营销模式”，并在整个价值链的控制力和定价权上获得了充分提升。

接下来，要再上一个阶梯就是股权模式。中小企业实力有限，产品可能很好，但是资本不足，而且营销推广资源是稀缺资源。作为广告公司，其营销推广资源相当丰富，策划创意能力也是强项，完全可以帮助这家有潜力的中小企业进行整合营销推广。而且，对于看好的企业，广告公司可以不收服务费，但要求获得一定的股权。这对于很多中小企业而言，如果不支出现金，又能获得一个实力营销企业的支持，也算是双赢。

在这种股权模式下，广告公司获得的利润已经不再是来自服务本身，而是来自资本利得，那么它就像一家风险投资公司。如果企业最终没有上市，或者没有被上市公司收购，那么广告公司获得的股权可能只有很少的价值。但是，如果企业上市成功了，那回报无疑将是几何级倍增，甚至能达到广告服务费的几十倍甚至上百倍。

美国的Facebook（脸谱网）就发生过这样的传奇。Facebook刚刚成立的时候，请一个画家帮着创作几幅涂鸦艺术画，双方商定用股权来支付服务费。结果，Facebook上市时，这个涂鸦艺术家的股权价值已高达上亿美元。

媒体曾经报道过这样一个真实的案例：同康村与紫金矿业的故事。当年，紫金矿业为了挖矿，需要搬迁同康村的几百户农户。当时搬迁所需的现金补偿是543万元人民币，而那时的紫金矿业并没有充裕的资金，只够支付400万元现金，剩余的143万元欠款就换成了紫金矿业的股票。这143万元欠款当时普遍被认为是“白条”，那时候的农民哪里知道什么是股票啊，谁也想不到紫金矿业未来会成为中国矿业的龙头股。2009年7月，紫金矿业原始股解冻时，这143万元变成了多少钱呢？ 8.6亿元，增长了600倍。所以，同康村也被戏称为“共同奔小康”的新典范。通过股权投资共同致富，同康村的几百家农户都拿到了几百万元，真可谓是“天上掉馅饼”。为什么天上掉馅饼？就是因为他们在不经意间玩了一把赢利模式里的最高级别——股权模式。

利润扩张的阶梯从服务费到分成费，再到代理销售模式、买断经营模式，最终到股权模式，风险逐级递增，回报空间也在逐级放大，而且赢利的想象空间也被彻底打开了。所以，当企业改变了赢利方法，赢利空间就会完全不一样。能不能赚到丰厚的利润，不单纯取决于你的销售能力，而是取决于你到底靠什么方式赢利。

同时，利润扩张阶梯的风险并没有我们想象中那么大，但风险的控制需要两大核心能力。第一，是你自身的营销能力到底怎样，是否有实际效果。如果真的有效果，那么风险就可控了；如果没效果，即使你采用最保守的收取服务费的方式，也只能蒙混一段时间，早晚会露馅，长久不了。第二，是你选择合作项目的判断能力。这一点看似是新增风险，但其实是一个老课题。因为即使是收取服务费，也需要选择有发展潜力的客户。如果选择的客户不能持续增长，那么即使是收取服务费的保守模式也不能长久。因此，从利润扩张阶梯往上走，风险确实在增大，但并不像我们所想的那样仅仅是在积累风险，它更多是逼迫企业建立自己的核心竞争力，一旦建立起自身的核心竞争力，企业对风险的认识和对风险的掌控能力就完全不一样了。所以，利润扩张阶梯是引导企业提高核心能力的指南。

实际操作中，利润与风险之间需要很好地平衡。如果我们把所有的项目都放在风险最大的方式上，当然不妥当，或者说难以规避我们无法承受的风险。但是，如果我们把所有赢利模式都放到最简单也是最稳妥的服务费模式上，那么利润的爆炸性增长空间永远也不可能来临，企业也将永远都在赚取辛苦的利润，永无出头之日。所以，各位企业家、创业者应该在利润和风险之间建立动态的平衡，只有这样，才是兼顾短期生存和中长期发展的赢利之道。

再如麦当劳，如果只有薯条奶昔的“小利”，它还走不了那么远，还无法形成今天明显的竞争优势。那么，麦当劳靠什么赚大利呢？答案是麦当劳公司的房地产。麦当劳主要利润来自于房地产，很多读者的第一反应是麦当劳专业的选址能力——麦当劳看中的地段，其房价往往都会大涨，所以可以说麦当劳靠房地产来赢利。请注意，这句话只对了一半。

如果麦当劳只是像普通企业或者普通的投资者那样，通过专业选址能力获取房产增值，这还不是高手所为，这只是普通的投资者。麦当劳的独特和高明之处就体现在它不仅有专业的选址能力，同时通过辛辛苦苦地卖汉堡包，建立起麦当劳的强势品牌，从而建立起相关的商圈，并通过麦当劳商圈不断拉动海量人流来到麦当劳以及附近的商圈。这种做法会主动地、直接地推动房产价格的提高，这正是麦当劳之所以成为“史上最牛的房地产公司”的秘密所在。它不是被动地等待房产升值，也不是单纯依靠所谓的专业选址能力，而是积极主动地长期拉动房产价值的增长。

麦当劳公司或者与原来的土地拥有者签署了20~30年的长期租约，或者买断了整块土地建造房屋；之后要么长期持有，要么转租加盟商，这样便可获得房地产升值的巨大利润。

麦当劳公司的财务报表体现其主要的资产之一就是类房地产。麦当劳公司有1/3的收入来自于直营，2/3的收入来自于加盟。君子爱财取之有道，怎么向加盟商收钱呢？向加盟商收钱可不容易。麦当劳在向加盟商收取的各项费用中，最重要的就是“房租收益”，这就成为麦当劳高利润的主要来源。从这个角度来讲，麦当劳看上去是卖汉堡包的快餐连锁企业，但它的企业本质、核心价值却是类房地产。可见，惊人的赢利能力支撑起了麦当劳高达1 200亿美元的市值。

说到这里，中国的企业应该如何获取倍增式的赢利，相信读者已有了进一步的了解。中国房地产公司的商业模式简单而粗暴，这些房地产公司都是“拿地、盖楼、卖楼、结束、再拿地再盖楼”的循环。但是，经过盛景研究院的深入研究，我们得出了一个非常有趣的结论，即全球超过40%的项目最终依靠房地产或类房地产成为其主要的赢利点或赢利支撑点。

麦当劳公司诠释了这个结论。所以，如果你以为麦当劳公司只是一家快餐连锁企业，你以为只要学到麦当劳的“标准化管理”就能开到几千家、几万家门店，那么你一辈子都不可能成功，因为你只学到了麦当劳公司的表面现象，却没有学到麦当劳公司商业模式的本质和精髓。

总之，本章谈到各种各样的赢利模式、赢利环节、赢利阶段的重组和改变，其实是想告诉各位企业家、创业者，最重要的是赢利要以富有创造性、与众不同的方式获取企业利润，甚至颠覆行业内传统的赢利模式。在创造性赢利模式指引下，我们完全有可能获得10倍于传统模式的利润，可以持续发展10年。同时，在我们自己获取长期超级利润的过程中，还要创造性地给竞争对手设立高竞争门槛，这就是商业模式的独到之处，因为商业模式远远超越了传统的赢利模式。

各位读者，你真正理解赢利吗？你知道赢利的不同属性吗？同时，利润与风险紧密关联，我们不应该单纯地谈利润而忘掉了风险。如果商业模式是“无风险赚小利，小风险赚中利，中风险赚大利，大风险赚暴利”，那么这类商业模型还是可以接受的。如果你能跨层获取利润，无风险赚中利、小风险赚大利、中风险赚暴利，这可能就是一个非常优秀的商业模式了。如果你有很好的利润，而且风险很大，这也未必是很好的商业模式。因此，当我们设计商业模式时，利润和风险一定要相互匹配，切勿只谈利润不谈风险。

我们一再强调，优秀的企业不在于今天能赢利多少，最重要的是未来能够赢利多少。今天赚多赚少没关系，最重要的是未来能不能获得丰厚的利润。很多企业在投入期并不亏损，但在持续发展期却举步维艰、利润微薄。其实这并不是一个正常的现象，企业最重要的是能否在未来获取超额利润。

与此同时，我们还需要注意利润是有属性的：有的利润只是产生在业务市场领域，资本市场并不接受和认同，而真正赚到丰厚利润的往往是在资本市场。从客户处赢利往往是固定的，甚至跟客户在某些情况下是对立的局面，那么你赚得越多，就意味着你的客户成本越高。资本市场的利润来自于股民间的交易，并不会抬高客户的成本，而且资本放大器往往可以达到三四十倍，它是在业务利润基础之上的几何级放大效应。

有些企业的利润注定上不了市；有些企业的利润虽然很少，但资本市场却很认可其未来的发展空间，这就是所谓的“利润属性不同”。所以，各位读者要精心设计企业的赢利模式，这种赢利模式既要让业务市场认可，也要让资本市场长期认可。

第六章

革命性降低成本

在第三式中我们讨论了商业模式中的“开源”部分；第四式我们将进入商业模式中的“节流”部分，也就是如何革命性地降低成本。这里的关键词是“革命性”。如果企业的成本下降了20%，那是优化流程、提升效率的结果。在商业模式层面谈的成本降低不是20%的下降，而是彻底去除成本或是将成本降低到原来的20%，与此同时，客户满意度并不下降，这才能被称为“革命性”降低成本。

革命性降低成本是每个企业都非常关心的问题，本章将重点阐述两种革命性降低成本的方法。

第一种革命性降低成本的方法是“除法”。我们把它形象地比喻为“挥刀自宫”，也就是找到主要的成本，彻底把它消除掉，而不仅仅是降低10%~20%的成本。而且，找到的成本越重要，“挥刀自宫”的效果就越好，革命性降低成本的效果就越发明显。

第二种革命性降低成本的方法是众包模式（Crowd Sourcing）。在这种方式中，客户或参与方能够自我生产、自我支出，而且越干越高兴。这样不仅提高了客户满意度，同时也大大降低了组织方的成本。

挥刀自宫：彻底消除主要成本

第一种革命性降低成本的方法是做“除法”——用“挥刀自宫”的方法找到业务的主要成本，并将其彻底消除。

比如分众传媒，为什么它的扩张速度如此之快？为什么它能在这个领域形成市场化的垄断？主要原因就是它革命性地消灭了“内容”，从而把“内容”的主要成本全部消除了。分众传媒是一个纯粹的广告平台，每秒钟都在播放广告，每秒钟都在卖钱，这种做法可谓“一举两得”、“一箭双雕”。一方面，广告时间全面提升，从电视台的12分钟上限变成了60分钟，分众将每一秒钟都改造为“收入时间”；另一方面，就是成本革命性地降低了，它把“内容”这块庞大的成本彻底消灭掉了。

想想看，如果分众传媒既要负担高额的液晶屏费用，还要支付物业公司的租赁费以及巨额的内容制作成本，那么分众传媒的楼宇联播网一定达不到今天的赢利能力。2016年分众传媒财报显示其净利润达到了约45亿元人民币，展现出极为可观的赢利能力。

所以，关键在于分众传媒推翻了人们传统的假设——“媒体都要有内容”，成为国内第一家没有内容的媒体，或者叫纯广告平台。而且，成本虽然消失了，付费的广告主客户反而更满意了，因为这些等电梯的客户被“强制”收看广告，比电视广告的强制效果要好得多。这就是革命性降低成本的经典案例，也是一个“挥刀自宫”的典型案例。

这里要注意，所谓找到主要成本予以彻底消除，并不能以牺牲客户的满意度为代价。如果我们找到的节省重要成本的方法，是以降低客户满意度为代价的，这还不是一个有创意的方法，仅仅是普通的方法，也就是我们通常所说的“杀敌一千，自伤八百”，这远远算不上是真正的创新！需要注意的是，这里所讲的“不能以降低客户满意度为代价”是指“不应降低目标客户的满意度”。

再来看看如家、汉庭等经济型酒店。为什么这类酒店一天的房费仅为两三百元，酒店还能获得合理的利润回报？原因就在于它革命性消除了主要成本。比方说，如家、汉庭等经济型酒店没有娱乐设施、没有商务会议场地和相关设施、没有豪华的大堂、没有购物的场所，而这些也都是其目标顾客不需要的。如家、汉庭的目标顾客就是那些经济型商务差旅人士和自费的旅游人士，这些人白天主要在外办事，晚上回来只需要“两件半”服务：睡觉、洗澡、上网，其他设施和服务都是他们不需要的。

这跟如今火爆的Airbnb有异曲同工之妙，“bnb”恰恰就是“床+早餐”之意（bed & breakfast），Airbnb将这种服务与共享经济相融合，成为“世界上最成功却没有一间客房的旅馆公司”。

创造性、革命性地降低成本的方法，应该是大幅度降低自己的成本，同时也不能牺牲客户的满意度，因为这部分的成本是客户不需要的。

作为反例，企业经营中经常有花了大量时间和费用，反而导致客户不满意的事。因此，每一位企业家、创业者应该先想想有哪些事情完全没必要做，需要“挥刀自宫”，学会做“除法”。

我曾经有过一次不愉快的经历。一次，我从上海飞到浙江台州，整个飞行时间40分钟。晚上9点半飞机起飞，大概在10点左右，空姐递给我们每人一个三明治。坦率地讲，那么晚我已经不想吃东西了。更荒谬的是，空姐递给我们三明治后，就催促我们赶紧吃完，因为飞机很快就要降落了。最后，空姐们甚至从乘客的手里把还没吃完的三明治给“抢”走了。用“抢”字丝毫不夸张，按操作规程空姐必须在飞机降落前把垃圾收拾干净。

在这个案例中，航空公司其实完全可以把发放“三明治”这个环节去除掉。虽然在乘客眼里，这份三明治只值10元钱，但是航空公司前前后后的管理成本可能至少需要40元。航空公司首先需要寻找可口、美味的食品——虽然乘客认为航空食品往往与垃圾食品差不多，而且还没等吃完又要被“抢走”，这反倒会让乘客牢骚满腹。我刚下飞机不久，就看到这家航空公司发布消息说，要投资2亿元兴建食品配餐中心，看来成本又要大幅增加了。而且，航空公司不仅要在配餐环节增加投入，还要额外投入食品安全保证，并且需要更多的空乘人员来发放食品和收拾垃圾。

如果把发放三明治这个环节彻底取消，那么航空公司节约的不是10元的直接成本，而是50元的整体成本，甚至2亿元的配餐中心也不需要了。这就是“除法”的威力，这就是“挥刀自宫”的价值！

当然，这仅仅是一个常见的小例子。在企业经营的过程中，怎样找到更大的、可以被彻底消除的成本呢？企业还是要不断突破所在行业的前提和假设，保持开放和创新的心态，这样才能真正做到“挥刀自宫”，彻底消除大块头的成本。

众包模式，重塑参与感

对早期的门户网站（如新浪网）来讲，都是通过编辑部门在网上寻找到内容以后，粘在网上。它本身并不是一个真正意义上的新闻媒体，因为它只是在转载与粘贴。那么，转载与粘贴需要多少人呢？需要上千人的编辑队伍，这是内容生产1.0时代——由编辑主动上传，网民被动浏览。这在今天也被称为PGC（Professionally-generated Content），即专业生产内容。

内容生产2.0又是什么呢？就是网民由过去被动的浏览者、消费者转变为主动的生产者、上传者。确切地说，网民既是生产者、上传者，又是浏览者、消费者，这类似于今天我们常说的UGC（User-generated Content），即用户生产内容。

用户生产内容极大地提升了用户的参与感，也明显提升了用户的满意度；同时，公司方的成本反而可以由此实现革命性降低，因为之前那些上千个找内容的编辑基本都不需要了。所以，新浪微博市值达到了百亿美元量级，比新浪公司市值更高。

新闻媒体的核心竞争能力包括两点，一是新闻的速度要快，这被新浪微博秒杀了。地震、台风等任何重大事件，当地人会第一时间把照片、内容上传到微博，速度非常快。任何一个传统媒体，包括网络媒体，它的记者、编辑的采编速度跟微博都没有办法比。这就是微博极为明显的优势：极快的速度，无所不在的广度。

新闻媒体的第二个核心要素就是深度，这是很多媒体每遇重大事件都找资深专家进行深度剖析的原因。同样一个事件，不同的人有不同的视角，专家的视角往往更加深刻。而腾讯微信则在这方面颠覆了各种新闻媒体。如今有无数企业有微信公众号，大家都自动自发地原创写作，积极转发各类深度文章。

其实，我们每天乐此不疲地发微博、为微信公众号写文章，其实都是在做一件事，就是在给新浪、腾讯微信打工，它们不用付我们一分钱，我们还自得其乐，越写越高兴。每天写完还不断刷新、查看，看今天有没有超过10 000的点击率，超过了就觉得很过瘾，没超过就感觉不爽。

这就是一种众包模式，让用户或参与方自掏腰包，自己花时间生产内容。这种方式不但提高了客户参与感与满意度，而且有效降低了组织方的成本。新浪编辑队伍要上千人，而微博内容团队几十人就够了。人民群众的力量是巨大的，所以它被称为“众包模式”，按字面理解就是“发包给广大的人民群众”。

新浪微博、腾讯微信充分利用每个人的碎片化时间，运用众包模式成为全民火爆的社交平台。从某种意义上讲，微博、微信的套路基本一致，其内在本质、方法论、精髓都异曲同工，这就是众包模式——让用户或参与方自掏腰包，自己花时间生产内容。

今天，这类模式又延展到了壹直播、映客直播等新的众包互动载体，发展势头也非常迅猛。

众包模式经由杰夫·豪伊的《众包：大众力量缘何推动商业未来》一书推介，已有部分读者有所了解。但经常有学员问，这种模式在企业经营当中能用吗？它在B2B的业务形态下适用吗？它是否只局限于个人消费的市场？

其实行业不同只是一个表象，针对个人消费者也只是一个表象，商业模式的精髓、原理是共通的。通过下面这个案例，我们就可以清楚地看到，商业模式的内在本质、方法论和精髓完全可以跨业务形态、跨行业、跨市场和跨地区应用。

让我们看看中国互联网巨头百度公司。百度的迅猛发展实际上就是成功运用了微博的内在精髓，充分体现了众包模式精髓。

百度关键字的投放广告非常灵活，也非常复杂。同样一个关键字，你得分析体会潜在用户的几十种甚至上百种的搜索习惯，不同的搜索习惯匹配不同的关键字投放组合，而不同的关键字投放组合的费用是由广告主竞价而来的，每次点击收费 0.2 元、0.8 元、8 元不等。同时，它也可以为每一个关键字投放组合锁定一个总投放金额，几百元到几千元不等。上述灵活、精准的服务便于广告主操作，采用了广告主“自助式”的服务模式。

这种“自助式”服务模式让购买百度广告的企业主、市场经理觉得每一分钱广告费都能有效地针对目标用户，物超所值，当然广告投放的工作量也非常大。百度把关键字广告投放的后台系统开放给它的广告客户，中小企业就在后台系统里天天尝试投放各种各样的关键词，甚至每时每刻都在更改，越改越开心，越改越觉得百度服务真好，觉得自己每一分钱的广告费都花得物有所值。

其实，这些中小企业都在做一件事：它们都在为百度打工，都是百度不花钱的兼职客服。

我们设想一下这种灵活、复杂、随时可以更改关键字的广告投放平台，如果是由百度的客服人员来做，那么百度需要雇用多少工作人员？不仅是投放广告，如果还要跟客户不断互动，更改、优化关键词投放，沟通的工作量就更为巨大。而百度这种自助式的关键字广告投放，等于将客户变成客服；同时，在这个过程当中，还让客户非常满意和认可。这样既提高了客户满意度，又极大降低了自己的成本，这就是百度模式的秘密之一。

百度靠免费搜索赚了大钱还不算牛，百度能够为数量众多的中小企业实现“规模化、个性化、自助式的交付能力”更具创意——它不但革命性地降低了自身运营成本，而且客户参与感、满意度还大幅度提高。

除了上述两种革命性降低成本的方式外，在实践中还有很多其他方式，在这里就不再赘述。革命性降低成本需要创新，需要回到客户定位与需求上。凡是非目标客户非核心需求，你都可以大胆做“除法”，而且用户参与感今天已经是商业模式成败的关键要素之一了。

案例

卡地纳医疗：解决了N多医疗服务供应链“痛点”

卡地纳公司（Cardinal）是美国最大的医药分销商之一，成立于1971年。卡地纳1993年进入中国，它也是中国十大医药分销商之一。2016年，卡地纳年营业收入达到1025亿美元，年净利润14.3亿美元，美国财富500强排名第21位，比2013年的第56位排名上升了25位。卡地纳每天服务全北美6万多个医疗服务机构和5万多名客户，占美国全部药品分销、实验室和医疗用品的三分之一。

20世纪90年代的卡地纳作为中间商，卡地纳的药品分销业务遭受上游药厂，下游的医院联盟和药店连锁以及保险公司的共同挤压，处境艰难。这种挑战反过来倒逼卡地纳需求新的价值创造和商业模式的升级，从低附加值的药品分销商向药品全价值链的综合服务商转型升级。

20世纪90年代，美国政府对公共医疗的补贴大幅度缩水，医院预算紧张。护士和药剂师等专业人员缺口达45万之多。资金紧张加上人手紧张，导致药房服务质量堪忧，经常出现抓错药的情况，药品管理不善和丢失的问题同样严重。全美每年开出的药方高达40亿份，其中1‰会出现开错药的情况，就是270万份问题药方；其中的2%出现致命反应，导致美国年死亡人数高达15 000人，和交通事故造成的危害相当。

此外，手术期间，手术用品的准备和用药也是一个相当大的痛点，尤其当手术已经开始，却出现了用品和药品不到位或者错发的情况，从而危及患者的生命，造成严重的医疗事故。同时，医院内部的药品供应链，从药品的清点、分装，到存储、分配，再到临床和病例管理，痛点多多。

客户的痛点就是企业的机遇。卡地纳开始从简单的卖药，把药送到医院的仓库就转身离开，转变为回过头来，深入医院客户的内部，为医院提供从药房管理、患者药品分发和售药机服务、自动补货与结算、手术室外用物品成套定制、废药环保处理深入其内部的全价值链的增值服务。

“欧文健康管理系统”（Owen Healthcare）是卡地纳为医院提供内部药品供应链管理和服务的第一步。欧文健康护理是一套跟踪药品全流程的信息化系统，这个系统在医院部署后，就会大大避免因手写药单出错和抓错药的情况，同时也能节约大量的辅助性人员，缓解工作人员的压力，提升用药安全和配药效率，同时降低人员成本。欧文健康护理系统深化了卡地纳和医院的合作，覆盖了400多家医院药房，比竞争对手的总和还要多。

卡地纳没有止步于此，在和药品相关的全价值服务上，卡地纳又进一步深入，从医院的药房管理深入到面向患者的药丸精准配药和分发服务。为了提供相应的服务，1996 年卡地纳收购了派克斯（Pyxis）机器人公司。

派克斯机器人是能够进行药品分发的自动化机器，就像自动提款机一样。当护士把患者的数据输入到派克斯的药品箱中，机器就能精确发放带有条形码，剂量合适的药品包。这样，就可以把药品的分发从医院药房进一步延伸，扩展到患者身边。在减少医生、护士或药剂师工作量并避免差错的同时，机器人还能够自动将患者服药的信息记录反馈到相应的信息系统中。在整个患者用药过程中，生成的相应数据会直接传回卡地纳和医院结账系统，并且与卡地纳的分销系统实现完整对接、自动核算，大大缩短了整个配药、药品分发和结算的时间。

除了医院药方和患者，在整个药品供应链中，还有一个非常重要的场景就是手术室。医疗设备和手术用品的分销是卡地纳临床药品之外的第二大业务，目前，卡地纳药品分销业务的销售收入是医疗用品收入的 10 倍，但是部门利润药品只有医疗用品的三倍多，这说明医疗用品有更高比例的毛利贡献。

卡地纳为医院手术场景提供了手术用品的成套定制服务，2 200 多种消耗品的手术包都可以定制，通过提前模拟手术过程，让医生个性化的挑选自己所需的物品和设备成为可能。手术前，卡地纳工作人员会将无菌包装送达医院，并按照手术流程摆放，大大节约了医护人员挑选、运送医疗用品的时间，同时，提高了手术的稳定性和医疗效果，减少了医院的库存和仓储费用。过去，没有在线成套定制服务的时候，医院一定要提前准备足够的存货，以避免存货不足。但是，有了卡地纳的成套定制服务后，医院就不再需要额外准备和管理存货。在美国，每两台手术就有一台使用的是卡地纳的服务。

卡地纳并没有止步于此，它不断为客户——医院、零售药店、患者开发和提供其他增值服务产品，包括定制小包装药品、特殊药品和血浆供应、放射药品的申请、临时用工服务、供应链优化服务、存货和供应链管理的信息技术和咨询服务等。

通过欧文健康管理系统、手术用品成套定制服务和派克斯机器人，卡地纳医疗打通了从药厂到医院药方、手术室、患者的临床用药的完整供应链体系，让医疗用品和药品直达医生和患者，系统且完整地解决了医院、医生、药剂师、护士在临床药品、医疗器械、医疗用品方面的众多问题。

第七章

自我可复制

在商业模式的前四式中，通过锁定精准的目标客户、挖掘杀手级隐性核心需求、构建系统性价值链、实现赢利倍增和革命性降低成本，将使企业的商业模式实现前所未有的突破。但是，如何成功地复制自己、突破自身成长瓶颈、实现真正的规模化扩张，就是我们商业模式的第五式“自我可复制”需要解决的挑战。

一个企业在扩张的过程中，通常都会遇到各种瓶颈，比如资金、人才等。遇到瓶颈是企业成长的必经之路，找到突破瓶颈的方法才能实现企业持续的成长与发展。在商业模式设计层面，我们能否事先发现瓶颈、提前采取有效的模式设计以避免或突破潜在的瓶颈，这才是企业的关键能力，它决定了我们的商业模式能走多远，我们的企业能走多快。

“车到山前必有路”这句话误导了很多企业家，因为车到山前往往没有路可走，这就是为什么很多的企业一开始赢利情况不错，但几年下来却往往停步不前，企业一直在变老却从未长大，等到瓶颈真正出现时再去应对就比较难了。所以，企业在设计商业模式的阶段就应预计到未来的潜在瓶颈，通过事先的设计有效地进行应对与化解。

突破资金瓶颈

在众多瓶颈中，首当其冲的就是资金问题。俗话讲，巧妇难为无米之炊。很多企业家说："我的事业做不大，因为我没有足够的资金，如果给我足够的资金，增长将会有多大多快。"尽管钱不是万能的，但没有钱是万万不能的。今天，资金已经成为很多企业持续扩张的瓶颈！

因此，在商业模式设计阶段，怎样设计出一个"轻资产"模式、怎样降低对资金的依赖、怎样才能有助于寻求投资商的投资——这些话题成为我们在商业模式设计阶段就应该重点思考和解决的关键性问题。当然，向VC融资也是突破资金瓶颈的重要途径，也是通过外部资金更快实现商业模式的一个重要方法，但这是一个双向选择，企业并没有100%的掌控权。

中国目前已经陷入了产能全面过剩的困境，而且在这轮全球范围内金融危机深层次的背景下，全球实体经济也陷入了产能过剩的周期。因此，在"后金融危机时代"的今天，投资产能的风险非常大。所以，中国的企业家要谨慎投资固定资产，防止固定资产比例过高。"想健康要补钙"，但做企业一定要防止"钙化"，所谓"钙化"就是指企业的固定资产比例过高。

“钙化”企业在现金流周转方面的压力往往极大，甚至可能导致赢利能力很强的企业瞬间轰然倒塌。2010 年发生的“福记食品”清盘事件就是一个惨痛的案例。在当年公布的胡润百富榜中，福记食品（01175.HK）的创始人姚娟（魏东为其丈夫）以 21 亿元身家排名女富豪榜第 37 位。但是，2010 年上半年，这家内地经营送餐服务的巨头突然向香港高等法院提出清盘申请。

福记食品一向是基金的爱股，曾获得不少大投行推介，它们一致认为福记的业务潜力优厚。但这家餐饮股突然“清盘告终”，究竟是什么原因导致了福记食品的没落呢？答案就是其现金流管理失控，固定资产比例过高。

福记食品在上市后通过 CB（可转换债）融得数十亿巨额资金后，大举投入食品基地建设。但金融危机迫使福记的股票价格低迷，投资人不愿将手中债券转换成股票，导致巨额的债务清偿缺口，其现金缺口高达十几亿元人民币，最终不得不被迫清盘。就连福记食品这样一家 2009 年赢利近 5 亿元、连续 8 年快速增长的行业标杆都因为重资产和“钙化”在一夜之间溃败下来，更何况很多实力更逊一筹的成长中的中小企业呢！因此，每一位企业家都要谨防“企业钙化”，严防企业固定资产比例过高。

过去我们把那些没有太多资产的企业称为“皮包公司”，这是一个非常负面的评价。但是，21 世纪的今天，“皮包公司”需要被拨乱反正，“轻资产模式”已经成为投资商眼里的“香饽饽”了，因为“轻资产模式”不仅意味着更低的投入、更小的风险，也代表更为灵活的策略、更有吸引力的投资收益率。

当然，所谓“轻重资产”是相对的，需要随着企业发展阶段的不同而动态调整。“轻重资产比例”是指固定投入占到企业总投入的比例。如果固定投入占到企业总投入比例较高，这就是“重资产模式”，往往意味着投资风险较大。所以，此时就一定要以更高、更长久的赢利预期作为决策依据，也就是需要具备我们将在第六式阐述的“更长久的控制性与定价权”。如果做不到这些，那么就不值得冒固定资产投入过大的风险。如果能够实现“更长久的控制性与定价权”，那么这类良性的“重资产模式”也能获得投资人的青睐。所以，并非资金需求量大的项目就没有VC投资，但前提是要实现“更长久的控制性与定价权”的良性“重资产模式”。

我们来看看分众传媒的“重资产模式”是如何突破资金瓶颈的。分众传媒的商业模式，从外在表象看来，并没有什么复杂性，也没有什么难度。很多人都认为：这事多简单啊，我也能做，不就是找个电梯装上液晶屏嘛，怎么没让我做啊，真可惜！

但是，我们要注意，分众传媒商业模式的资金瓶颈非常大，当时每个液晶屏大概需要5 000元以上的成本，假设在全国各地挂上2万块屏幕，光液晶屏的成本就需要上亿元。这还不算其他的运营费用，例如人员费用、自身的品牌推广、支付物业公司的租赁费等，这些都需要庞大的资金。因此，分众传媒商业模式面临非常大的资金瓶颈，而且这一资金瓶颈是在其商业模式尚未被验证、客户尚未大规模认可的前提下产生的，此时投入巨额的资金无疑要求投资人的资金实力极为雄厚或者是投资决心极大。

那么，为什么在液晶屏电梯广告市场只出现了分众、聚众两家主要的公司进行竞争，却没有更多公司进入人们的视野？而且即使有，为什么它们的规模也都非常小？原因就是液晶屏电梯广告市场的进入门槛很高，这里的门槛既不是技术门槛，也不是政策门槛，而是巨大的资金门槛。

事实上，确实有很多人想挤进液晶屏电梯广告市场，但都无果而终。框架传媒就曾经进军过液晶屏电梯广告市场，但也以失败告终。框架传媒是在电梯里置放平面海报的广告公司，它看到分众传媒在电梯里放液晶屏电梯广告，就很眼馋——它看见别人的液晶屏似乎很“高科技”，于是也开始在电梯里挂液晶屏，结果挂着挂着，就把自己“挂死了”。当框架传媒在液晶屏领域投入达到1 700万元时，整个公司便出了现金流即将断裂、立即要崩盘的苗头，于是，框架传媒不得不把自己的液晶屏业务以平价方式卖给了分众传媒。

因此，框架传媒曾经两次卖给分众传媒：第一次它把液晶屏业务这类“高科技”的业务卖给了分众传媒，回笼资金1 700万元人民币，拣回一条命；第二次是在谭智、汉能投资等入主以后，把它的平面海报业务全部卖给了分众传媒，换回的是50亿元“真金白银”的回报。这个案例也从侧面告诉我们，如果不能跨越资金的瓶颈，企业的商业模式就会岌岌可危。当年的框架传媒就是典型案例。如果当时分众传媒不接手框架传媒的液晶屏业务，框架公司现金流就可能已经断裂了。

再回头看分众传媒如何解决自身巨大的资金障碍。如果资金障碍不能解除，分众传媒便无法迅速扩张到今天的营业规模，也无法迅速取得楼宇广告领域近乎垄断的优势地位。

分众传媒一方面通过向VC融资，获得VC资金的大力支持。同时，通过VC牵线搭桥、从中协助，与三星电子等国际性供应商洽谈账期付款，从而有效地化解了初期的资金压力，实现了迅速扩张，初步形成了商业模式的雏形。分众传媒在短短两年内先后获得日本软银、鼎晖投资、美国高盛和欧洲3i集团等多家知名VC数千万美元的三轮股权融资。

随后，分众传媒迅速在美国纳斯达克冲刺上市，并且通过上市获得了巨额资金。分众传媒于2005年7月13日在美国首次公开招股，以每股17美元的价格发行了1 010万股，共融资1.717亿美元，而这家公司在2003年5月才正式成立。分众传媒通过迅速上市、融资后再投入的方式持续地“跑马圈地”，巩固了其领先地位，有效防范了后来者的进入，并通过并购将聚众、框架等主要竞争对手进行了全面整合。等后来者琢磨过劲来时，分众传媒已经建立起全国性的电梯广告联播平台，深度控制了液晶屏电梯广告市场。

所以，并不是说商业模式瓶颈之中有资金障碍就不能做了，关键是我们在设计商业模式时就要对资金瓶颈进行充分评估，并且在商业模式设计中就要明确突破资金瓶颈的方法。一旦你突破了这个障碍，那么你的企业就进了一大步。同时，一旦突破了瓶颈，你自然就变成了后来者的高竞争门槛。

由此可见，企业经营的最大挑战不是赢利，而是现金流。

面对极具挑战性的资金瓶颈，中国企业家应设计出“轻资产模式”，大幅降低对资金的需求与依赖；或者设计出有着“更长久的控制性与定价权”的良性“重资产模式”，并以此为基础获取风险投资和资本市场的大力资金支持。

突破人才的瓶颈

除了资金瓶颈外，在企业扩张过程中我们还会遇到一个常见的瓶颈，那就是人才的瓶颈。这里不是谈论人才“选、用、育、留”的战术问题，而是在企业快速扩张过程中减少对人的依赖性，实现标准化，这才是在商业模式层面上需要解决的关键性问题。

为了突破人才瓶颈，在思考和设计商业模式过程中，我们要尽量通过“标准化”满足客户的核心需求，大大降低对人的过度依赖。企业实现自我可复制的基础是标准化。

实现标准化的第一层次是，企业运转不依赖于顶尖人才，普通员工都能通过标准化流程实现企业井然有序的运转。

例如美国最大的上市教育公司、阿波罗集团下属的凤凰城大学就是通过网络教育降低了对教师的依赖。麦当劳同样也是一个很好的案例，它消除了对厨师的依赖，完全实现了标准化作业流程。麦当劳连锁店里没有对一级厨师、二级厨师的人才需求，普通员工通过简单培训后就能胜任相关的工作。所以，麦当劳成为全球最大的连锁餐厅，拥有三万多家连锁店，而且管理依然秩序井然。这就充分体现了实现标准化流程的第一层次，即企业不依赖于某些顶尖人才。

实现标准化的第二层次是标准化流程的实现基本上不依赖于人，而是由系统自己完成。这样，再复杂的事情都会变得简单。其中最重要的方法就是信息化和自动化。

再看麦当劳，原来给客人薯条时会偶尔引发给多给少的争议，因为每个服务生装满袋子的标准不同，要想一致只能花时间对每袋薯条进行称量。后来，麦当劳发明了一个V形薯铲，以一铲的量为标准，既省时省力，也让客户觉得公平，这样的方法就是设备自动化。

今天，许多电子商务网站都大大降低了对人的依赖性，因为它们的信息化水平已经相当高了。例如美国的亚马逊网站，所有的交易都是按照标准化流程设计，消费者得到的也是标准化的服务。这样的业务很容易自我复制，今天的亚马逊早已经跨越了图书业务，复制到电脑、服装、家居等几十个不同的领域。这些电子商务网站的想象空间大，所以资本市场市值巨大。标准化的方向是自动化、信息化。

实现标准化流程的第三个层次是在第一层次或第二层次标准化的基础上，能够大规模地满足客户的个性化需求。

例如，戴尔电脑——全球PC行业直销的领先者；ZARA——西班牙女装品牌，当前全球服装领域的领跑者。它们无论是在生产方面还是在销售方面，都已经实现了大规模的个性化。

大规模的个性化难度非常大。我们要特别注意，“个性化”并不意味着每个环节都要个性化，而是体现在消费者或最终客户的体验——消费者体会到的，或者在他面前所呈现的环节是“个性化”的体验，但是企业的内部运作必须是标准化模式。大规模实现了企业的低成本，个性化实现了更高的客户满意度。自身低成本和更高客户满意度的完美结合，必将造就一流的商业模式。

戴尔电脑的零部件其实是标准化的零部件，客户并不能个性化地定制零部件，只是呈现给最终用户选择的时候，可以个性化地配置自己的电脑。总结起来，组装配置是个性化的体验，但零部件是标准化的生产和供应。因此，企业运作大规模个性模式并非遥不可及：外在是个性化，内部是标准化；选择配置是个性化，零部件是标准化、模块化。所以，戴尔的利润率是同行业的两倍。同时，戴尔电脑也为大规模个性化模式提供了一个现实榜样。

如今标准化已经得到越来越多的企业家、创业者的认可，但是怎么实现标准化，很多企业依然不得要领。

在实际设计标准化流程的过程中，企业最大的挑战是需要专业的、高水平的专家领导设计和完善，需要把专家的能力分解固化到标准化流程中去；同时专家的专业技能被分解了，普通员工也能够通过专业的标准化流程完成包括自动化设备、信息系统等相关工作。麦当劳的标准化烹饪流程就是首先通过对专业化能力的分解，然后再通过自动化设备予以实现。

关于高端人才和体系的争论把很多企业家都搞糊涂了。做企业都说要摆脱对高端人才的依赖，要建立一套可复制、标准化的系统，但为什么几年搞下来，标准化没建立起来，我们还在依赖高端人才，高端人才还不开心，到底错在哪里了呢？

高端人才和标准化之间是一个看似矛盾、实则辩证统一的话题，这就是其难度所在，但恰恰也是其魅力所在。

建立一个标准化的体系要靠什么人来做？只能靠专家，只能靠高端人才。不依靠高端人才和专家，企业的标准化道路就不可能完成。但是，如何衡量公司的标准化体系是否完成了呢？就是公司不再依赖专家，不再依赖高端人才，在业务流程层面把这个高端人才“除掉”了。所以，标准化唯一的路径就是首先依靠高端人才建立起一套标准化、可复制的体系，然后再把这个高端人才在业务流程层面“除掉”。这听起来很矛盾，但如何解决好这对矛盾恰恰是实现标准化的关键所在。

读者试着思考一下，谁会愿意把自己“干掉”呢？只有一种可能，那就是专家通过建立一套标准化体系后，虽然在业务流程上他被“除掉”了，但是他提供的价值得到了更大的回报。因此，要么就是企业的标准化永远停留在低水平上，要么就是让那些专家获得更大的回报，比如说成为公司的股东等。

只有当高端人才觉得通过标准化以后，他不用再去参与这些具体的工作了，而是转而从事更有意义的新工作，他所获得的回报更多、所体现的价值更大、所获得的地位更高，他才可能主动愿意被“消灭”掉。只有在这种情况下，企业的标准化才有可能实现，否则标准化就只能是一个愿望而已，很难有结果。因此，通过让高水平的人“挥刀自宫”、自我“消灭”，才能实现高水平的标准化。

很多企业家都在思考怎样留住人才的话题。为什么很多合伙人或者优秀的业务骨干都自己去开公司了呢？最后都变成了竞争对手呢？原因就是在你这里没有一个好的机制让他们获得好的回报。什么是好的机制？就是让留下来的人比自己出去单干赚得更多、风险更小、让他更有面子的综合性设计与安排。当你已经设计出这样的机制，这人还要走，就只能说明这个人有点儿傻了。这样的人走了，你也不要遗憾了，因为他本身就不是一个值得合作的人。但如果你没有设计出这样的一套好的机制，那么他一定会走，即使没走，也舍不得把自己的“绝技”贡献出来。

例如，联想集团为什么能在国内率先成功实现新老更替？如何让打下江山的老同志先退下来，让杨元庆、郭为这些年轻人上来呢？原来，联想集团成功地设计了一套新老交替的机制，老同志退下来以后，比过去拿的还多、更轻松，还更体面。怎么实现的呢？通常，实施股权激励是一种重要的方法——现在拿工资，以后拿股份；一旦公司做好了，股份的回报比工资多得多。这就是优良机制要实现的目标与效果，也是实现标准化、达到自我可复制的有效途径。

只要你下决心做，就一定能够实现标准化。在5~8年前，中国人根本不认可中餐能实现标准化，但今天我们看到越来越多的中餐企业已经实现了标准化。所以说，不是你的企业不能实现标准化，而是你今天还没有找到实现标准化的方法。成长型企业必须要在实现标准化方面下更多的工夫，以突破和解决标准化的困扰。一旦成功地突破了标准化的困扰，企业就插上了可复制、可扩张的“翅膀”了。

又如，味千拉面为什么能够成功上市？就是因为它把每一碗面都做到了标准化，把每一家店都做到了系统化。这家公司卖面条的利润一年能够达到6亿元，销售额能达到23.8亿元。

真功夫蒸菜也实现了标准化。蒸菜其实并不容易实现标准化，传统的蒸笼很难达到标准化运作。但真功夫推出了电脑程控蒸汽设备，这套设备跟麦当劳、肯德基的设备一样——高度标准化、高度自动化。由此，真功夫迅速扩展到了600多家门店。虽然真功夫的股东之间近年来出现了严重的纠纷，甚至进入到刑事程序，但真功夫的门店依然在井然有序地经营着，这就是标准化的价值和功劳。

相比之下，火锅的品类更容易标准化。例如，呷哺呷哺火锅成功在香港上市，开店639家，营业收入27.58亿元、净利润3.72亿元，市值也达到约80亿元。海底捞火锅已经在全球开设了超过150家门店，年营业收入达到了惊人的70亿元，赢利能力相当可观。

只有标准化才能实现自我可复制，才能有效地推动规模化，这就是标准化的首要价值。其次，只有实现了标准化，才能站在之前的基础上实现持续改进优化，实现积累式增长，建立企业持续发展的系统能力。

案例

温氏股份：养猪养鸡的净利润堪比华为

1983 年，温氏农业由 7 户农民、8 位创始人，共集资 8 000 元开始创业。2016 年财报显示，温氏股份销售收入 593.55 亿元，净利润 117.9 亿元，与高科技巨头华为公司每年全球数百亿元净利润有的一拼，令人震惊。2017 年 4 月底，温氏股份总市值近 1 400 亿元，成为名副其实的农业第一股。

在温氏股份的全部收入中，养殖业收入达到 575.57 亿元，占到总收入的 96.97%。按照行业来计算，肉猪行业占到 63.43%，肉鸡行业占到 31.32%；销售区域主要以两广和华东地区为主，分别占到 54% 和 22%，合计占到整体的 75%。

温氏股份养猪和养禽规模全国第一，其生猪出栏猪达 68 502 万头、上市商品肉猪 1 713 万头，约占全国产量的 2.5%。而温氏股份的另一骨干业务养鸡业产量约占全国黄鸡市场的 20%，约占肉鸡市场的 10%；温氏佳润公司供港肉鸡则占据香港市场的 35%。

说到畜牧这个行业，其产业化水平整体比较低，而且最早以农户分散养殖为主。农户分散养殖容易操作，但是品质低和效率低是非常大的行业痛点。农户缺乏相应的专业知识，不能科学饲养在很大程度上限制了生产性能的最大发挥；防疫意识差，防疫条件和防治措施落后，疾病的应对能力较差；饲料原料价格逐年上涨，养殖的市场风险加大；农户个体养殖规模相对于市场来说太小，抗风险能力弱。

于是，温氏养殖产业进入2.0版的“公司＋农户”的结合模式。与农户散养相比，“公司＋农户”养殖模式可以在几个层面形成统一和整合，包括统一供种、统一供料、供药、防疫、技术培训和统一收购。虽然“公司＋农户”模式在部分层面形成整合和标准，但是这种模式在运行了30多年之后，却矛盾重重，其养殖业面临进一步升级的迫切需要。如果不能解决商业模式第五式“自我可复制”的挑战，那么再好的“公司＋农户”的“系统性价值链”，最终也难以形成有真正核心竞争力和壁垒的优秀商业模式。

与“松散式公司＋农户”方式对比，温氏股份采用的同样是“紧密型公司＋农户”的养殖模式，但它在同样的养殖模式下形成了巨大的规模和接近20%的净利润。可见，温氏股份在商业模式第五式“自我可复制”方面下了极大的功夫。

从总体的合作模式来看，每一个农场、每一个分公司在温氏股份都是独立核算的自主经营体。养殖户要接受公司技术管理人员的定期检查，从建立档案、领苗、进入养殖环节，到标准化养殖，一直到销售，全部纳入公司的一体化管理体系，由公司来提供，这样农户就变成一个标准化的生产车间。

温氏股份有56 000个标准化的家庭农场，在分布式条件下，同样实现了精益与集约化生产，它靠的不仅是利益和机制的保障，还有全面监控和可复制的技术支撑保障平台。

在这56 000个标准化家庭农场中，每个家庭农场都有自动化的控制系统，包括物联网运营系统、自动喂料系统、自动抓屎系统、温控系统等，以及环保治理系统、固液分离机、沼气存储池、生物塘等统一的现代环保设施。这些系统能够全天候监控运行状况，包括场内入职、生产动态和饲养管理计划，还可以通过手机互联网等手段对猪舍等动态实现远程管理控制，并实现了场内配套种植蔬菜、果树以及各种生态养殖的农场综合效应。

温氏股份不仅在养殖过程实现了“物联网+互联网”相结合的手段，实现了养殖过程的全程监控以及信息的上下贯通，而且，在育种、饲料、信息系统等配套性支撑方面，也都达到了业内顶尖水平。

温氏种猪公司拥有7大育种分公司，15个原种猪场，年产种猪10万头。在种鸡方面，温氏拥有6个祖代种鸡场和84个父母代种鸡场，核心群种鸡约7万只，其育种能力公认业内领先。第一，拥有专业的饲料采购团队，实现“互联网+采购+品控+物流配送+资金调付”的供应链全程信息化；第二，探索全球供应商联盟，饲料成本行业领先；第三，具有自主研发的信息化技术团队，现已建成集公司的生产、销售、财务三大信息管理系统于一体的信息化系统，为决策提供数据服务，信息化应用水平处于行业领先位置。

正是因为有了这套成熟体系和系统的支撑，实现了养殖和配套环节的“自我可复制”，温氏股份总部不断优化的系统和体系才可以无限复制到异地分子公司，将其组织、理念、供应体系支撑完备。据了解，一般 40~50 万头规模的四级公司的异地开办，只需一个熟练经理与少数几位助手即可完成。目前，温氏股份公司拥有四级公司超过 200 个，这个数量也在持续上升。经过多年积累，温氏股份公司人才资源丰富，异地扩张可谓手到擒来。

与传统的“松散型公司＋农户”模式相比，温氏股份这种“紧密型公司＋农户”模式可以在体系内实现快速复制的直接原因，是每个细分项目都有业内综合实力最佳的配套体系作支持；其深层原因是公司精神文化带来的利益分配机制。行业内其他企业可以对“公司＋农户”进行浅层次模仿，却难以复制深层次的全球供应链资源和体系、支撑整个养殖和供应环节的信息系统、现场养殖系统和流程监控系统，也难以复制跨公司不同部门之间的信息管理系统，而温氏股份多年形成的文化氛围和管理机制也很难被简单复制，“温氏模式”的威力虽然广为人知，但是真正落地实现却有着“环环相扣”及“牵一发而动全身”的系统性壁垒和门槛。

温氏股份虽然身处传统产业，生产传统的产品，但其本质上却是一个现代化的高科技公司、互联网公司和数据驱动运营和管理的公司，原因如下：

第一，它的精益管理系统实现了全数据化的支撑。温氏最早在 2009 年就颇具战略性、前瞻性地提出了权力下放、数据上移的战略。它是养殖行业的先行者，公司开发出了具有 80 多种功能的信息化平台，实现了供应链的全覆盖、信息数据粒度的细化。

信息化建设完善，是一个长期持续的积累和迭代、不断探索和前行的过程。20世纪90年代初，温氏股份作为农业企业已经开始引入信息化的管理方式，目前仍能在系统里查到当时养殖户的数据。养殖信息系统的开发，既要符合养猪业务的业务场景和需求，也要符合整个公司协同和管控的要求，市场上没有完全符合需求的行业解决方案。温氏股份在2005年购买了某知名软件公司的通用平台，在其基础上进行了二次开发，实现了个性化养殖信息管理平台，实现业务过程、财务核算和数据集成一体化，物流、资金流、信息流的同步一致，为公司决策和管理提供了强有力的支持。

第二，标准化的养殖和生产系统全面接入移动互联网，实现了移动互联网化。温氏股份的56 000个家庭农场已全部实现可视化和物联网化，在总部或其他地方，通过手机或者电脑，你就可以看到每一个家庭农场的状况。每一个家庭农场每天要用多少饲料、有多少只鸡得病了、用了多少药，全部有精细化数据分析。而且，通过手机客户端，每一个农场的温度、湿度、喂食、采光、通风、喷雾等情况都可以进行即时监控、指挥，真正实现了农场物联网信息一体化的管控现场模式。

温氏股份在物联网化方面也曾走过弯路。起初，温氏股份引进西门子的PLC控制器，仅成本就高达2万元/套，而且仍需要大量人力劳动。后来，温氏开始自力更生、自主创新，转而与高校、服务商合作，尝试自主研发。2012年，带有温氏标签的物联网控制器下线，成本仅为2 000元/套；对畜禽栏舍环境、饲喂、清粪等情况可以进行智能化识别与控制；每一个农场的温、湿度、喂食、采光、通风、喷雾等情况都可以实现即时监控和指挥。

温氏元老级的养殖户温志开率先使用了这套系统。以前，他和妻子两个人养5 000只鸡，现在他一个人就能管理15 000只鸡，做到了“老婆在手机上按按键就能养鸡”。

因此，坚持从实际需要出发，找到符合业务流程和生产实际的“低成本”创新之路，是温氏股份在创新理念上的升级，这也使得温氏股份真正把“自我可复制”的核心竞争力掌握在自己的手中。

早在20世纪90年代，温氏股份就开始大量招聘大学生，用高薪吸引了大批大学生来到偏僻的农村创业，吸引了大批农业科技人才加盟温氏。在20世纪90年代初，温氏一方面开展对外合作，一方面以“高薪+股权”的模式引进大学生，并开始了合伙式的全员持股。

温氏股份总裁温北英很早就认识到人力资本的价值，并提出企业发展的关键是“人”，能否全面调动各方人员的积极性是最主要的一环，要通过员工持股提升人力资本价值，真正实现与员工齐创美满生活的梦想。现在，温氏有股东6 872名，而整个温氏家族的11个人目前持股仅占上市公司的16.71%，其中，董事长温鹏程持股比例仅占4.16%。

1992年，温氏股份以技术入股的形式，邀请华南农业大学动物科学系与温氏全面技术合作。至今，温氏已和国内10多所知名的农业院校、科研院所进行合作，使产、学、研得到了紧密结合，行业最新的技术成果得到了及时的推广和运用，保证了公司的技术在行业的领先地位。此外，华南农业大学还派专家组到温氏股份公司工作，以提升温氏的技术和管理水平。

通过和员工、技术专家、合作伙伴以及农户利益的紧密捆绑和结合，温氏股份从激励机制上进一步保证了“自我可复制”系统的有效运行。

从温氏股份商业模式成功升级的经验来看，第五式“自我可复制”是形成商业模式长期核心竞争力的重要组成部分，而“自我可复制”需要从运营体系、信息系统、过程控制系统、持续技术创新以及员工、人才和合作伙伴的激励机制等多个维度、多个层面入手，这样才能充分保障“自我可复制”。

第八章

控制力与定价权

商业模式是以第一式“精准客户定位，杀手级隐性核心需求”开始，以第六式“控制力与定价权”收尾。我们在研究了客户及其需求、系统性价值链、收入倍增、成本革命性降低、自我可复制之后，就要思考如何把竞争对手挡在门外、如何不让他人来复制你。优秀的商业模式，我们前前后后研究了这么多环节与要素，接下来就应该思考如何掌握如何控制核心环节了。企业能否获得持久的、长期的高利润，关键看商业模式有没有控制力，有没有定价权。

企业核心的控制力就是控制核心资源，所以，掌控核心资源、树立高竞争门槛、他人不可复制，就是我们设计商业模式时不可回避的重要环节。这也是本章讨论的主题，商业模式的第六式“控制力与定价权”。这一式的核心目标就是最终形成高竞争门槛，形成股神巴菲特所说的“护城河”。

1993 年，巴菲特在致股东信中首次提出了“护城河”的概念：“最近几年可口可乐和吉列剃须刀在全球的市场份额还在增加，它们的品牌影响力、产品特性、销售实力赋予其一种巨大的竞争优势，在它们的经济堡垒周围形成了一条护城河。相比之下，一般的公司都在没有护城河的状态下奋战。就像著名投资人彼得·林奇说的那样，销售相似商品的公司的股票，应当贴上这样一条标签：‘竞争有害健康’。”

1995年，在伯克希尔的年度会议上，巴菲特对“护城河”的概念做了更详细的描述：“一个奇妙的、有很深且危险的护城河环绕的城堡，城堡的主人是一个诚实而高雅的人。城堡最主要的力量源泉是其主人的天才大脑，护城河永久性地充当着那些试图袭击城堡的敌人的障碍。城堡内的主人会制造黄金，但他并不都据为己有。我们喜欢的是那些具有控制地位的大公司，这些公司的特许权很难被复制，它们具有极大或者说永久持续运作的能力。”

在2000年的股东大会上，巴菲特进一步解释说：“我们根据‘护城河’加宽的能力及其不可攻击性作为判断一家伟大企业的主要标准。而且，我们告诉企业的管理层，我们希望企业的护城河每年都能不断加宽，这并不是非要企业的利润一年比一年多，因为它们有时做不到这一点。然而，如果企业的‘护城河’每年不断地加宽，这家企业就会经营得很好。”

在2007年的致股东信中，巴菲特指出：“一家真正伟大的公司必须有一条坚固持久的‘护城河’，以保护它的高投资回报。资本动力学决定了竞争对手会不断向那些高回报的商业“城堡”进攻。因此，坚固的防御——例如成为低成本制造商（汽车保险公司Geico、好市多仓储超市Costco）或持有一个强大的世界性品牌（可口可乐、吉列、美国运通），对于持久的成功来说至关重要。商业的历史充满了‘罗马蜡烛’（Roman candles），那些自我保护措施不足的公司将很快在竞争中败下阵来。”

能找到拥有宽阔护城河的企业，就能获得长久高收益。网络经济、转换成本、无形资产、持续的成本优势，这些因素往往可能构成巴菲特推崇的“护城河”，归根结底就是成功地构建商业模式第六式“控制力与定价权”。

中国企业为什么买什么什么贵，卖什么什么贱？原因就在于中国企业的商业模式缺乏控制力；同时，风险投资所投资的项目往往都是那些有长久控制力的项目。股神巴菲特说，他只投资那些有“护城河”的企业，其实就是那些有控制力和定价权的企业。因为，只有企业的商业模式有控制力，才能够让企业的利润可以持续10年成长；如果企业没有控制力，即便现在赢利状况很好，企业的命运还是掌握在别人手里，这种商业模式的危险度非常大。有了控制力、有了高竞争门槛，这就意味着有了定价权，而定价权则意味着高利润和可持续利润。

中小企业未必能拥有巴菲特所谓投资企业的“永久的持续运作能力”，但企业构建10年左右的控制力与定价权还是有必要的，或是确定商业模式设计的合理目标。

每一个行业、每一项业务都有其竞争门槛，都需要建立相应的核心资源，以逐步提升竞争门槛，不同的业务需要建立的核心资源也不同。核心资源可能是一项高技术，如可口可乐的保密配方；核心资源可能是人才，这在高科技领域很常见；核心资源可能是国家政策的独享，如不少民营企业占有丰富的地缘优势；核心资源可能是类房地产的独占性资源，如分众传媒的连锁电梯楼宇广告网；核心资源还可能是上游原材料资源，如东阿阿胶控制了半数以上的驴皮供应源。

作为企业的核心资源，应该具有独占性、垄断性、稀缺性，其他企业在相当长时间内很难拥有这类资源；或者它们即使知道这样的核心资源，也没有能力在短时间之内模仿建立。所以，企业家在谈到商业模式及核心资源时，不要怕被别人复制。以前我碰到很多企业家，他们在讲述自己的商业模式时，一再追问："我有个商业模式不要透露给风险投资，讲了以后如果它们不投资，我岂不是连底牌都没了？"其实，对绝大多数项目，这种担忧是多虑的，因为你所说的内容根本就不值得保密——世界如此之大，你想做的如果那么容易做到，别人早就做了或者至少也在想了。

前一阵，有一个盛景学员企业谈到自己的商业模式时，一再强调要单独聊、要保密。其实在一周前，我们在上千公里外的另外一个地方，刚刚听到另一家企业在讲同样的思路与模式；而在三个月以前，在其他地方也有某个企业家讲过类似的想法。所以，光有想法没有什么意义，关键是要尽快实现，更重要的是，要快速往前跑，实现你所设定的模式。只有这样，你才有机会建立真正的核心资源，提高竞争门槛。

保密通常是不可行的，如果一个商业模式需要依靠保密才能维护其竞争优势，它往往不靠谱。企业的商业模式应该依靠掌控他人无法掌控的核心资源来实现。

企业竞争的最高境界就是其他人看着你只能干瞪眼，却无计可施。这种模式听起来就这么简单，如果其他人都做不了，那么你就厉害了——这就是最好的商业模式。

分众传媒的商业模式就是一个典型案例。挂块液晶屏还不简单吗？但是，我已经挂完了，并且覆盖了80%以上的电梯，你还想来挂，机会就不大了。所以，电梯里你就没机会了，其他公司就被逼到了大型超市里，逼到了出租车上，逼到了厕所里，逼到了医院，逼到了其他犄角旮旯的地方。这就是商业模式第六式所讲的“核心资源”形成的控制力，所以企业必须大大提高竞争门槛。

持续高利润源于高控制力和定价权。这种高竞争门槛、核心资源可能是先天性的资源，也可能是后天建立的；它可能是与生俱来的，也可能是通过并购整合获得的。但不管怎样，如果你始终有一个核心资源牢牢地掌握在自己手里，而别人都没有这个资源，那么此时你就有了独特的竞争力，进而形成了控制力与定价权。如果我们的商业模式能够带来一种近乎垄断市场的感觉，那么你对商业模式第六式的运用就达到了完美的境界。

企业如能突破第五式中的扩张瓶颈，往往就会自然地构成第六式中的高竞争门槛。当分众传媒突破了自身的资金障碍，将资金优势转化为其独特的竞争优势时，通过掌控中国80%的高档楼宇广告资源就拥有了第六式所讲的核心资源，并将形成了极大的控制力。所以，商业模式第五式和第六式两者之间会紧密互动、互为支撑。

下面我们通过对东阿阿胶股份有限公司的案例分析，进一步讨论企业如何通过核心资源建立控制力。

案例

东阿阿胶：我卖的不是阿胶，我是一家养驴的公司

控制力和定价权是商业模式六式的最高境界，它往往建立在商业模式前几式厚积薄发的基础之上。只有持续进行商业模式系统性能力的建设和积累，才能最终实现第六式的“控制力和定价权”。

阿胶是一种有较为悠久的历史和传统，但又比较边缘的小众产品。2000年前后，全中国的阿胶市场规模仅为3亿~4亿元人民币，其中“东阿阿胶”号称占全国阿胶市场份额的70%、阿胶出口份额的90%，它每年的收入也就不到3亿元人民币。

从2006年开始，东阿阿胶的产品开始涨价；2016年11月，它已经是第16次提价——阿胶的价格从2006年的每公斤130元上涨到每公斤5 400元，涨幅高达41倍。而且，与其他品牌的横向比较，东阿阿胶的价格也一直处于明显的领先地位。根据对互联网上终端零售价格的抓取，500克东阿阿胶块最低价为2 365元，但是同样重量的同

仁堂、九芝堂品牌的阿胶块的价格为 1 900 元左右，同样位于山东的福牌阿胶块每 500 克的价格则不足 1 400 元。由此可见，东阿阿胶的产品终端价格相比老字号“同仁堂”高出 25% 左右，比其主要竞争对手福牌则高出近 70%。

随着东阿阿胶产品价格提升的同时，东阿阿胶的销售收入和利润也快速提升。2006 年，东阿阿胶的营业收入仅为 10.76 亿元，利润为 1.49 亿元；2016 年，东阿阿胶的营业收入已达到 63.17 亿元，净利润为 18.52 亿元，其营业收入和净利润 10 年的增长幅度为 5.87 倍和 12.42 倍，其市值近 400 亿元人民币，增长了 15 倍。

东阿阿胶利润增长的倍数是其收入增长倍数的两倍多。随着价格的增长，其利润的增长更明显，这说明东阿阿胶的提价不是单纯由产品成本和营销管理费用上涨推动的被动提价，而是可以获得更好的经营利润的主动提价的过程。

因此，东阿阿胶在阿胶这个细分市场已经基本实现了商业模式第六式，相比竞争对手，东阿阿胶在市场上拥有了较强的控制力和定价权。

《本草纲目》上说：“阿胶，本经上品，弘景曰：‘出东阿，故名阿胶’。”可见，阿胶已有 2 500 年左右的历史，东阿作为阿胶产品的发源地和原产地，“东阿阿胶”这个品牌有一定的借势，但它与云南白药、同仁堂、茅台等强势品牌及老字号相比，东阿阿胶的品牌优势显然不足。

同时，从产品属性的角度来看，与云南白药这类有着独特保密配方的产品不同，阿胶属于单方制剂类，并无配方和知识产权的保护；而且，除非经过繁琐的检验和测试，普通消费者几乎难以轻易区分不同品牌的阿胶产品之间的差异性。因此，产品层面的差异性和可感知性也不足以解释东阿阿胶的控制力和定价权。

东阿阿胶的控制力和定价权的形成，是一个长达10年的经营思维和商业模式发展和升级的过程，它不是一蹴而就的。其中，商业模式第一式的突破是商业模式突破和升级的原点，没有第一式的突破，就很难脱离和超越原来的市场和价值链的格局，实现后续商业模式的改造就难上加难。

对于东阿阿胶而言，今天的控制力和定价权的形成，首先源自于10年前，东阿阿胶的管理层在商业模式的第一式实现了突破。从2006年开始，东阿阿胶连续进行了11次提价，涨价背后是东阿阿胶对核心客户定位和核心需求的再思考。

阿胶虽然是中药，但随着消费升级和女性对健康与美的追求，阿胶已从更多强调治疗的功能转变为养生和保健的功能。它针对面向中高端消费群的升级需求，这类人对价格的敏感度不高，对品质和价值感更为看重。所以，东阿阿胶在敏感地抓住消费升级的同时，充分利用了过去10年宝贵的发展周期，重新定义了阿胶产品在消费者心目中的价值感，重塑了产业格局，也使东阿阿胶成为整个行业升级过程中最大的受益者。

试想，即便有哪个企业今天想在阿胶行业简单地复制东阿阿胶的提价和消费升级策略，它也很难再像东阿阿胶那么成功了。阿胶行业第一次消费升级和重塑格局的最佳窗口期和快速成长期已经过去了，新的挑战者必须在商业模式上和现有利益格局上形成新的、重大的突破，才有可能在未来10年实现弯道超越。

东阿阿胶对核心客户群体的定位也体现在其核心市场的选择和投入上——2016年，其华东地区的营业额占到整个公司收入的45%左右，加上华南地区的18%，就占到全部收入的63%左右，其区域市场集中度非常高。

并且，阿胶这一产品品类因其产品的属性，在消费升级的大背景下也是受益良多：第一，阿胶产品虽然没有配方的专利权保护，但是到目前为止，消费者心目中普遍认为用驴皮熬制的阿胶才是天然、纯正、有疗效保证的产品。但是，驴皮的成本在阿胶的成本中占到60%以上，由于养殖和出栏量的减少，近些年驴皮的供应量也较为紧缺，这些都使得高品质、天然纯正的阿胶产品的产能受驴皮供应链的约束，难以快速、低成本进行放量，这就为在消费者的心目中塑造阿胶高品质、高价值的定位提供了外部条件的保障。第二，从2010年开始，阿胶、龟甲胶、鹿角胶等产品不再纳入政府定价管理的范围，价格由企业自主制定，各生产企业可根据生产经营成本和市场供求变化合理地制定销售价格，这也为东阿阿胶提升其产品价格和核心客户定位摆脱了政策的限制和制约。

东阿阿胶在商业模式第一式“精准客户定位，杀手级隐性核心需求”进行了突破后，它在商业模式第二式“系统性价值链”上持续投入和提升。

第一，东阿阿胶通过上游驴皮供应链的建设和管控，保障了优质原材料驴皮的供应，在供应链日益紧张的情况下，保证了产品的产量和成本控制。近些年，由于人们不再以毛驴作为运力和耕作的牲畜，导致毛驴的存栏量急剧下降。目前，我国阿胶的年总产量也就 3 000 万吨至 4 000 万吨。

早在 2000 年，东阿阿胶就在全国建立起了 20 个毛驴药材养殖基地，此外，东阿阿胶也在业内率先战略性地重视和加强驴皮供应链生态的建设。为了鼓励农户养殖毛驴的积极性，东阿集团不仅鼓励农户把毛驴当药材养殖，而且帮助农户积极开发和发掘毛驴的整体经济价值，譬如驴奶、驴肉、驴胎盘等。东阿阿胶还迈出了重要的第二步——金融创新，联合内蒙古巴林左旗政府设立了养驴扶贫基金会，为养殖户提供基金补助。

目前，东阿阿胶是全国最大的驴肉供应商。2015 年，东阿阿胶宣布正式投资入股山东驴帮餐饮管理有限公司 10% 的股权，双方联手进军餐饮业。东阿阿胶在驴肉业务上的投入，以及投资和支持以驴肉为特色的终端餐饮品牌，都是希望借助拉动其终端消费，提升驴肉的销量和利润，从而带动毛驴的养殖和驴皮高质量且稳定的供应，进一步获得在驴皮原材料供应方面优势。

第二，除了自有养殖基地解决外，东阿阿胶还积极地开辟海外驴皮材料的供应链。除了可以从 9 个国家进口原料，东阿阿胶在海外还建有自己的养殖基地。

第三，掌控驴皮收购终端。对原材料供应链的投入和扶持很大程度上保证了东阿阿胶对供应链的供应量和供应成本具有较强的控制力；自有养殖基地和海外供应渠道的开辟，使得东阿阿胶对市场化的供应链具有较强的议价能力和成本控制能力，这成为东阿阿胶商业模式第六式“控制力与定价权”一个重要的组成部分。

正如东阿阿胶总裁秦玉峰在2017年3月致股东的信中所说：“我们坚持十年价值回归战略，将‘把毛驴当药材养’、‘毛驴活体循环开发’等计划与精准扶贫相结合，加上毛驴扶贫基金、新农村改造等，争取国家政策的支持，推动多地出台扶贫养驴政策，带动农民脱贫增收。这是养殖户、地方政府、用户和企业多赢的局面，也是东阿阿胶一直在养的‘闭环的驴’。”

第四，加强对销售渠道的控制力与定价权。零售药店渠道（OTC渠道）已成为阿胶及其系列产品的主要销售渠道，其阿胶产品连续多年位于零售药店渠道单品销售额榜首，无论是销售规模还是增长速度，都处于领先地位。

2015年，东阿阿胶单品的销售总额为35.1亿元，零售药店渠道的销售额就达到34.6亿元，可见东阿的阿胶单品超过98%都是通过零售药店渠道销售的。

此外，2015年东阿阿胶的年报还显示，阿胶系列产品的总销售额占到公司近95%的份额，而在阿胶系列产品中，阿胶单品又占到78%。这说明东阿阿胶的销售收入主要是由阿胶系列产品，尤其是阿胶单品所贡献。

上述几个数据说明，东阿阿胶近十年的高速发展存在以下特点：

产品高度集中（以阿胶单品为核心主力爆品），渠道类型高度集中。

所以，东阿阿胶如何在提升产品价格的同时，保持并加强对零售药店渠道的控制力和定价权就变得非常关键。事实上，在东阿阿胶提价的初期，曾因为渠道管理的混乱给公司经营造成了巨大的障碍。

下面这两个来自权威媒体和证券研究机构的报告，介绍了东阿阿胶是如何通过渠道结构的调整、渠道价格秩序的建立和强力管控，以及渠道信息系统支撑能力的建设来加强渠道控制力的。这种模式也被业内称为“控制营销”模式。

2006~2009年，东阿阿胶块的出厂价分别提高了21%、30%、25%和20%，公司销售收入同比增长了13.98%、28.54%、21.75%和23.83%，净利润率持续走高，分别为14.3%、15.24%、17.57%、19.58%。

“价值回归”让东阿阿胶的品牌价值提升、业绩重回增长轨道。但到了2009年，其瓶颈开始显现。改革后，东阿阿胶曾四次想提高阿胶块的终端零售价，但都因串货、假货、关系户从公司拿货等原因无功而返，这主要是由于公司的渠道管理能力薄弱所致。为突破瓶颈，东阿阿胶于2009年引进了ERP（企业资源计划）系统，并聘任在业内以渠道管理能力著称的程继忠出任营销副总，主管OTC渠道。

程继忠上任后，将控制营销嫁接在公司的强势品牌上，还优化了产品流通渠道，对经销商的存量、销量和售价进行了跟踪，严控产品流向，形成了目前“公司、经销商、零售商之间利益相对合理分配的格局”，有效支撑了产品价格体系的形成。

同时，在医药营销领域上摸爬滚打多年、市场嗅觉敏锐的程继忠也帮助秦玉峰下了大幅提价的决心，使得“价值回归”的战果进一步扩大。2010年，阿胶块共提价4次，累计幅度接近50%。2011年年初，山东省取消对阿胶产品定价限制，东阿阿胶再次提价60%。

东阿阿胶开始实施控制营销，通过控制产品质量维护其品牌形象，通过控制渠道秩序实现阿胶产品的定向、定量、定价销售。它严格控制渠道价格，医药公司单独让利则属于恶意违约；它控制OTC零售价格，确保零售商获得合理利润空间。它进行了半个月的安全库存和密码登记，防止窜货，保证产品流向真实。东阿对阿胶进行加价销售，逐步取消返点，同时提高安徽华源等“药市”的阿胶供货价格，把药市做小，防止扰乱公司价格体系。

由于渠道通畅，公司在每次提价前，都能够通过控货达到渠道饥饿营销的效果，避免了因提价而导致的串货和价格紊乱等现象，保障了经销商和零售商的收益，达到了公司、渠道和终端三方共赢。

东阿阿胶对渠道的控制也体现在渠道质量和门槛的提高，以及渠道共赢生态的打造上。2014年12月，东阿阿胶与战略客户组成了千亿俱乐部，东阿阿胶在产品、人力、资源方面对千亿俱乐部进行了聚焦倾斜，同时对于口碑欠佳的经销商以毛利压缩的方式进行控制，以便将核心资源向优质经销商倾斜，真正实现价值链的合作与共赢。可见，千亿俱乐部是东阿阿胶继2009年之后对其渠道结构又一次重大的升级和调整。

2015年3月6日，东阿阿胶发布公告，称公司已获得国家商务部颁发的直销经营许可证。2016年8月，东阿阿胶在山东济南正式发布“娇倍源”直销品牌，并宣布成立全球直销营销中心。秦玉峰认为，直销模式可以直接面向消费者，不用通过中介。未来，东阿阿胶可以实现“电商+直销”的销售组合，进一步加强对销售渠道和消费者入口的控制力，拉开和竞争对手的差距，巩固东阿阿胶在行业内的控制力和定价权。

东阿阿胶将直销业务的独立品牌独立运作，也是为了避免直销渠道和经销商渠道的利益冲突，保证销售渠道和生态平衡。从短期来看，自有直销渠道的建立对经销商渠道难免有一定的冲击和影响，但从长远看，自有直销渠道的建立也有可能成为东阿阿胶下一轮商业模式升级的突破和开始。

在阿胶单品的主力产品之外，东阿阿胶也在不断进行阿胶系列产品的创新，例如“气血双补”的复方阿胶浆，以及保健美容品“桃花姬”等。当然，不同产品对应的渠道属性也不同。

东阿阿胶传统的阿胶单品大多通过零售药店OTC渠道进行销售，而复方阿胶浆则更多地开拓医院药店市场，美容产品“桃花姬”则重点开拓连锁商超市场，东阿阿胶大股东华润集团旗下的3 000多家商超是“桃花姬”的首选商超渠道，担当了桃花姬产品早期市场开拓的重要渠道推手。

当然，新产品的推出也会对控制力和定价权的建立和巩固带来新的挑战。从产品属性和客户定位上看，新产品的主要作用是保健，走的高消费群体的路线，但阿胶浆是药品，其目标人群与阿胶块有区别，定价时需要更多地考虑产品的受众和定价亲民性。而医院药店渠道进入的长周期、高门槛、高费用，对疗效的诉求、对进入医保药品目录的管控和价格管制等因素的影响，很难简单的复制在阿胶单品上的产品定位、定价和渠道策略。

2016年，东阿阿胶制定的“十三五计划”提出了120亿元销售收入的战略目标。东阿阿胶股份有限公司总裁秦玉峰表示：“阿胶单品种要做到60亿元。另外，以阿胶为原料的阿胶系列产品，包括复方阿胶浆要做到30亿元，桃花姬阿胶糕要做到20亿元，生物药品要做到10亿元。”

东阿阿胶如何开启商业模式升级的下一个10年，如何进一步打造更强势的护城河，巩固其控制力和定价权我们将拭目以待。

第九章

商业模式就在你身边

不少读者对商业模式存在一定的误解，认为只有实力雄厚的企业、大型的企业才能建立商业模式，才有资本打造商业模式。大型企业确实资源更多、实力更强、更有物质条件进行商业模式创新。但也有创新的特殊难度，因为船大了难调头，每年业绩增长压力大，无暇顾及从 0 到 1 的创新开启，导致企业背上传统模式的包袱，而中小企业恰恰可以通过商业模式创新迎来企业发展的拐点。所以，其实商业模式就在我们每一位读者的身边。无论企业大小，每一家企业都需要商业模式，都可以有创新的商业模式。

三种房地产商业模式的资本价值

商业模式的资本价值相当明显，往往会带给企业不同倍数的企业估值。

如果你的企业是单体的房地产业务，却没有风险投资商愿意投资。为什么？其实，单体的房地产利润很高，但是单体的房地产业务往往不可扩张、不可复制。酒店利润再高，如果所有的房屋都租满了，所有的会议厅都租满了，那么销售额也就封顶了。你可以涨价，可房价一旦超过原价的20%，客户就到隔壁酒店去了，不涨价销售额就有天花板。VC为什么通常不投资高利润的单体房地产业务，因为它往往不可扩张，虽然短期利润可观，但缺乏长期的成长空间，而投资人投资的恰恰不是今天的利润结果，而是明天的潜在利润空间。

然而，连锁化房地产在VC给拟投资企业的估值中就可能达到年利润的10倍了，像如家连锁、分众传媒等都是连锁化经营模式。如果你是互联网化的房地产，在VC给拟投资企业的估值中就有可能达到年利润的几十倍了，因为它的速度更快、成本更低，比如携程网等。

全世界最大的经济型连锁酒店集团大约有多少家分店呢？答案是5 000家分店。那么，未来全世界最大的经济型酒店会将是哪个国家的公司？

毫无疑问，一定是一家来自中国的公司。因为中国人口众多，13亿人一旦开始流动，包括旅游、商务差旅，就会聚集成一个海量的市场。另外，中国人也一定会到世界各国旅游、学习、购物，那么我们到了国外是不是更想住中国人自己知根知底的中国品牌连锁酒店？在中国，很多人都不想住如家、汉庭，觉得档次不够，但是到了国外你可能就愿意住了。近年来，高端民宿和精品连锁酒店开始受到人们的青睐，所以，中国的连锁酒店行业还有持续增长的空间，也具备相应的资本市场价值。

为什么说互联网化房地产比连锁化房地产还厉害呢？比如携程网，在与“去哪儿”网合并后市值达到了245亿美元。如果说如家、汉庭酒店达到国际化还需要5年甚至更长时间，那么携程网已经实现了国际化。目前，你在携程网上可以方便地订购到全球200个国家的25万家酒店的客房，所以它已经国际化了，因为互联网的速度更快、成本更低。你们都去盖酒店，我就负责卖酒店，最后谁挣得多？从投资回报率的角度看，毫无疑问是携程网高，因为它没有巨大的固定投入，而且革命性地降低了固定投入，所以它卖完酒店客房又卖机票。看似它只是一家中介服务机构，却获得了超过航空公司和酒店等“庞然大物”的回报，这就是商业模式的力量。

携程网的美国同行Priceline集团的市值超过了900亿美元，2016年其净利润为21亿美元，主要提供机票、酒店、租车、旅游保险等项目，是典型的以收取佣金作为赢利来源之一的网络代理。Priceline集团除酒店外，其他非标准住宿，如度假租赁、公寓租赁和短期租赁发展速度也猛超酒店，所占比例已占到公司所有酒店库存量的一半。

近年来全球炙手可热的Airbnb本质上也是一家轻资产的互联网化房地产公司，它同样没有一间自己的客房，但未上市的市值已经达到约300亿美元。资本市场通过估值模型对企业商业模式的未来进行了预判，这代表了一种风向标。

为什么商业模式目前在中国受到了越来越多的关注？其实，最重要的发源点来自于VC。20世纪60年代商业模式这个概念在美国就产生了，为什么这十年间商业模式在中国越来越热？就是因为这些年风险投资基金越来越热。

资本市场的火爆推动了中国从“业务时代”进入到“资本时代”，即股权投资的时代。过去中国的资本市场是“两头在外”的模式，也就是投资资金来自于海外，上市退出也是在海外市场。但是，金融危机之后，资本市场格局发生了巨大的改变，现在已经演变为“两头在内”的模式，即投资资金的来源主体是国内人民币基金，上市退出的主体也成为国内证券交易所。“两头在内”模式的发展，标志着中国正在进入股权投资的时代。“资本时代”的历史性机遇扑面而来，无论是向VC融资还是股票公开发行上市，优秀的企业家在未来的5年里应努力把握这一历史性的机遇，而关键恰恰就是商业模式创新。

如果你问VC：“你投资项目、选择项目的标准是什么？”VC的答案永远都是两个核心：第一是团队，人很关键；第二是商业模式，模式是根本。几乎每一个风险投资在选择项目过程中的核心判断标准都是“团队+商业模式”，其前后次序和侧重会略有不同。因此，如果企业希望向风险投资融资，找到一个有发展潜力的商业模式，那么这应是一个核心前提。如果没有一个好的商业模式，向VC融资的成功率就会非常低。

在风险投资的投资项目当中，团队的重要性毋庸置疑，因为事情是人做出来的。那么，团队优秀怎么衡量呢？除了员工要有诚信以及很强的执行力以外，还有一个重要指标就是这个所谓的“优秀团队”能不能打造出一个成功的商业模式，能不能把这个企业成功地带到10年、20年长期发展的轨道上，这一切都要靠商业模式。

商业模式与资本运营紧密关联、密不可分。商业模式是资本运营的核心基石，没有商业模式作为核心基石，资本运营只能是海市蜃楼，它就像建立在沙滩上的大厦，非常不牢靠、非常危险，早晚会出问题。

与此同时，资本运营也是很多商业模式实现的重要途径之一。正如前文所述案例，分众传媒建立的全国连锁化液晶屏广告联播网的模式看起来很简单，就是悬挂液晶屏广告进行运营，但是它要求的企业投资金额非常大、资金占压极为庞大，通常一家普通的创业企业根本无法投入如此庞大的资金。所以，如果没有VC、PE的帮助与支持，分众传媒就难以迅速成功，甚至无法运转其商业模式。分众传媒正是在VC、PE的支持与上市融资的推动下，才得以实现其创新的商业模式。因此，风险投资、并购等资本运营往往是商业模式得以实现的一个重要支撑点。

商业模式的实现注定是一个艰辛的过程。如果你想明天就赚到钱，那就不要考虑商业模式的问题。商业模式会让你在10年之内获得10倍的利润，但这也是一个艰辛的过程。“方向比努力更重要”，如何才能在商业模式的道路上坚持一万小时，坚持不懈地走下去呢？

因为有资本市场的存在，资本市场能够将企业价值放大数十倍，助推其成为一家伟大的公司，甚至成为一个世界级的企业，这就是商业模式的归宿与美好未来。所以，一个优秀的商业模式如果有资本运作的支撑，那么它将最终获得资本市场的巨额回馈。同时，商业模式也应该获得来自资本市场的奖励，否则花了这么多精力和心血，却只有10倍利润的激励，企业家、创业者未必能坚持下来。企业家和创业团队所付出的艰辛需要资本市场通过几十倍的放大来鼓励和肯定，这是创业创新的重要动力源泉之一。资本价值放大就是对创新者、创业者最大的奖赏和鼓励。

我相信随着风险投资的日益火热，伴随着IPO加速带来中小企业融资上市热潮，进而带动的实体经济创新热潮，必将有越来越多的企业家通过商业模式的力量更上一层楼，对接VC，登陆资本市场。

更多的企业期盼转型升级，更多的企业正在面临“二次创业”，已有一定实力的企业也期望实现跨越式发展，而商业模式无疑是核心根基。

迪士尼与孩之宝的启示

企业之间的商业模式看上去都相差不多，但实际上它们却有着本质的区别，这就是商业模式的奥妙所在。孩之宝、迪士尼看似都是通过热门电影的动漫形象赢利的，但两家公司商业模式的本质并不相同，甚至在某些关键路径的选择上是相反的。

“变形金刚”背后的商业秘密

孩之宝是美国著名的玩具公司，创立于1923年。它起初是做铅笔盒之类的玩具，1935年依靠“大富翁”游戏发迹，成为世界级的玩具公司。变形金刚、特种部队、眼镜蛇、星球大战等各位读者耳熟能详的玩具都属于孩之宝公司，它现在是全球第二大玩具公司。

当你看到《变形金刚》《星球大战》等热门电影时，可能都会联想到孩之宝，但孩之宝并不是一家靠电影赚钱的公司——这些电影都是由专业电影公司拍摄，但电影中人物形象的版权大多属于孩之宝公司。

孩之宝公司的商业模式是把自己旗下玩具品牌的影视版权授予好莱坞电影制作公司，由好莱坞电影制作公司进行电影投资制作并获得票房收益。例如，孩之宝创造出一个变形金刚的形象，它就把这个形象授权给电影制作公司，电影制作公司先写出剧本，而后投入几亿美元拍成电影，票房利润归电影制作公司，孩之宝则大卖相关的玩具产品，这相当于电影制作公司帮助孩之宝公司进行产品的营销推广。螳螂捕蝉，黄雀在后，电影票房越火，孩之宝的玩具就卖得越多。如果你有个很火的电影人物形象，孩之宝可能也会购买版权用于销售玩具。

孩之宝公司的商业模式根本性地降低了投资大制作电影的经营风险，毕竟隔行隔山，它同时也革命性地降低了投资电影的巨大固定成本；同时，孩之宝公司把分成模式运用得淋漓尽致，充分体现了商业模式的魅力和商业模式之美。孩之宝公司并非单纯地把投资风险甩给电影制作公司——为了将双方的利益彻底捆绑在一起，为了引导电影制作公司和导演主动地助推玩具热卖，孩之宝与电影制作公司和导演实行了分成模式、共享收益。

2007 年，第一部《变形金刚》电影为影院和导演带来了 7 亿美元的全球票房。同时，它也为孩之宝公司催生了 4.8 亿美元的变形金刚玩具的收入，这一业务占到孩之宝公司当年总收入的 13%。

电影《变形金刚 2》上映时，孩之宝公司向电影导演承诺：每卖出一件变形金刚玩具，该导演就能获得 8% 的提成。如此一来，就牢牢地把导演给拴住了，他们彻底成为“统一战线”。影片导演不但会玩命地把这个片子拍好，吸引海量的热情观众，还要让剧本和电影中出现更多的动画形象。动画形象越多，可供设计的玩具才会更多，最终的玩具销量才能最大化。

以前电影导演可能会说：“我有我的艺术风格，我有我的艺术品位，玩具公司不能搞那么多的人物形象，您不能为了玩具赢利把我艺术风格给搞乱了。”如今，在采用分成模式之后，导演的反应与之前大不一样，他会说：“您看需要我做点儿什么呢？怎样能让我这 8% 的分成更多呢？平衡好形象和艺术之间的问题交给我们导演和编剧来处理，我们能处理好的，你们提要求就可以了！”

2016 年，孩之宝实现营业收入 50.2 亿美元，2017 年其股票市值达到了约 120 亿美元。孩之宝无疑是商业模式的高手，它把人性看透了，所以设计出完美的商业模式，将利益相关者、价值链参与者的利益一致起来。看起来给别人分了 8%，但其实孩之宝才是最大的受益者，因为电影导演也关心怎样把玩具卖得更多，由此倒推进行整个剧本情节和人物的设计，这样就直接产生了更多丰富的人物形象。

此外，孩之宝还进一步拉动了彩色贴纸、服装杂志、系列漫画等相关延伸产品的热销。

孩之宝玩具的商业模式再次告诉我们，企业经营需要让你的利益与你的上下游价值链、合作伙伴的利益充分整合与协同，而不是你自己单枪匹马地发展。

任何一家企业的发展都需要无数的资源、无数的人来帮助与推动。资源和人才为什么帮你？并不是说看着你顺眼就来帮助你，在绝大多数情形下，我们需要精心设计一个利益相关者的利益共享、风险共担机制。

孩之宝公司的商业模式精彩地诠释了商业模式六式。

首先，孩之宝革命性地降低了玩具主业的营销成本。通常营销成本是玩具公司最大的投入，但在孩之宝公司几乎不用花什么营销费用，而且热门电影制作所带来的巨大宣传效果往往不是花钱所能达到的。

其次，将电影制作与发行外包给专业的电影公司，与专业公司实施战略性合作，将固定投资彻底转移。这不仅仅是节省成本的问题，也是将巨大的投资风险一并转移。你是不是专业？是不是懂得这里边的诀窍？怎么搞制作？怎么写剧本？怎么发行？这些都是非常专业的事务。如果一家玩具公司非要这么干，可能过两年就垮了，因为不符合它的核心能力。所以，孩之宝公司选择把电影交给电影公司干，自己来运作玩具。

迪士尼动画形象为何值 2 000 亿美元？

迪士尼公司看着与孩之宝公司非常相似，但是其商业模式路径恰恰相反——迪士尼公司选择了搞电影，将玩具授权给各个玩具公司运作。在商业模式的核心赢利模式和企业核心竞争力方面，孩之宝公司和迪士尼公司正好是颠倒过来了，但是其核心的逻辑框架又是一样的，都是通过热映电影、动画片等作为开门性产品带动后续衍生产品的销售。

我们再来看看迪士尼公司的商业模式。迪士尼公司拥有家喻户晓的米老鼠、唐老鸭等经典的动画形象，它已经有 90 多年的历史了。2016 年，迪士尼在美国企业 500 强中排名第 53 位，当年总营收为 556 亿美元，净利润为 94 亿美元，其营收和利润均创下历史记录——其利润折算成人民币分别约为 3 700 亿元和 630 亿元，总市值达到了 1 700 亿美元。

迪士尼公司通过四个环节获得收入，也叫轮次收益：第一是动画片的制作，第二是主题公园，第三是衍生产品，第四是媒体网络。

动画片的制作主要是为了收回成本。如果能够拿回几亿票房，那么基本的制作和宣传成本就都拿回来了。而主题公园，其本质就是特色房地产。盛景研究院经研究后发现，全球众多企业的赢利核心支撑点往往是“类房地产”模式，迪士尼公司的成功再次验证了这一重要发现。

1955 年，迪士尼公司在洛杉矶成功地建立了第一个主题公园，即迪士尼乐园。这个主题乐园里面有游乐、科学博览、科学中心、戏剧表演，是一家人享受美与奇观，共享天伦之乐的场所，它迅速取得了巨大的成功。

迪士尼公司于1971年建成了佛罗里达奥兰多迪士尼乐园，占地27 000英亩，约等于1/5的新加坡，可见其规模之大。迪士尼还拥有6座超大型主题乐园、32家度假酒店、784个营地。所以它不仅仅是一个类地产模式，还是一个超级文创体，赢利能力惊人。奥兰多100多万人口当中，80%的人口直接或间接地为迪士尼乐园工作，每年接待3 000万名游客。

东京迪士尼乐园于1988年开业，占地201公顷，是亚洲首个迪士尼乐园，至今累计入园人数已突破3亿，人数最多时甚至超过美国本土两个乐园的总和。2011年财务报表显示，其净利润比上财年增长40.2%，达到321亿日元（约合24.9亿元人民币）。

巴黎迪士尼乐园则仍在亏本。它于1992年成立，面积相当于巴黎市1/5的面积，据说最近一年已经开始有微小的利润。香港迪士尼乐园面积最小，只有佛罗里达州的1%，问题也非常多，总投资250亿港元，前3年一直亏损。

上海迪士尼自2011年4月8日乐园主体工程正式破土动工。2016年6月14日，上海迪士尼乐园正式开幕，占地面积达到7平方公里，总投资约55亿美元。

巴黎也好，香港也好，这些迪士尼乐园一直亏损，这对于迪士尼公司来讲重要吗？不重要！为什么？

第一，在这些海外项目里，迪士尼公司占股大概不到一半，股份出资也是包含了商标权、形象著作权、使用权等诸多的无形资产，迪士尼公司的现金出资并不是主体，主要的现金出资都是由当地政府及机构承担。

第二，不管海外迪士尼乐园本身是否赢利，迪士尼的品牌将得到更为广泛的传播，其品牌价值将得到日益提升。同时，迪士尼公司的电影肯定是赢利的，玩具等众多衍生产品一定会赢利，而这部分赢利跟海外的某个迪士尼乐园几乎就没关系了。

第三，反正这是房地产，先把这么大的地盘占住了，早晚会赢利。迪士尼公司家大业大，政府也有钱，那咱们就玩一个长期投资，10 年不算长,20 年也不长，慢慢玩吧！反正迪士尼的玩具、电影会一直火下去。

迪士尼乐园的创新有诸多方面值得各位读者借鉴。迪士尼乐园的重复购买率极为惊人，按照美国迪士尼公司的统计，重复游览迪士尼乐园的游客占到 95%以上，其中去过 10 次迪士尼的人超过 60%，去过 30 次迪士尼的人超过 20%，个中缘由是迪士尼乐园长期坚持“三三制”原则：每年要淘汰 1/3 的硬件设备，每年要引进 1/3 的新概念项目，使产品保持吸引力。

创新成为迪士尼乐园永远不变的主题——“只要有梦想，我们就能够实现它！永远别说‘不行’，想象的力量无穷无尽。”

迪士尼公司赢利的第三个方式是品牌授权，利用全球授权的专卖店以及专有权的使用出让，品牌产品的生产销售以及相关书刊、音乐、游戏产品的出版发行，有效地延伸了迪士尼的利润链条。因为牵涉众多的衍生产品，迪士尼公司采用了授权方式，避免进入它不熟悉的领域。迪士尼公司擅长于制作和发行内容，那么，玩具、书包、服装这么杂的行业，我们也不太懂，就交给授权商运作吧。

迪士尼公司第四种赢利模式就是进军媒体网络，这也是它最近数年来大规模扩张的领域。迪士尼公司已经收购了具有广泛影响力的、美国排名前四位的电视公司ABC（美国广播公司），著名的娱乐与体育节目电视网ESPN（负责转播NBA、欧洲联赛等）。迪士尼公司还收购了卡通电影频道、家庭娱乐频道等，并且还在不断地收购各类电视频道。

迪士尼公司正是依靠这四轮的轮次收益模式将自身的利益最大化。

迪士尼公司和孩之宝公司通过动画形象模式超越了通常的演员模式，动画形象不会背叛、不会疲惫、不会衰老和逝去，可衍生空间也更大，产品化也更为容易和持久。因此，看上去都是与电影电视演出相关的商业模式，但其间的赢利能力、持久性、安全性、扩展性则完全不同。

孩之宝公司的分成模式和战略联盟令其商业模式卓尔不凡，而迪士尼公司的四轮轮次收益模式和类房地产模式堪称巧妙。相比之下，中国那些影视公司、明星公司就显得像暴发户了，对明星演员依赖非常严重，待将来热潮褪下后都得“裸泳”。

因此，那些单纯模仿其他企业商业模式的企业家要特别注意，“差之毫厘，谬以千里”是商业模式设计中最为常见的现象，看着相似，其实可能完全错了。

反过来，某些企业商业模式看着不行，但若能调整其中的关键节点或关键路径（类似下围棋的“手筋”），却可能实现“乌鸡变凤凰”、“鲤鱼跳龙门”的蜕变效果。

代理商也可以有商业模式吗？

代理商和经销商，这一类传统被认为是最不入流的、最传统的企业形态，它们有没有商业模式创新的空间呢？很多企业家认为商业模式是大企业的专利，中小企业没有机会也没有实力进行商业模式创新，这无疑是一个错误的认识。任何行业、任何地区、任何发展阶段、任何形态的企业都有商业模式创新的可能与空间，商业模式就在你身边。

回顾本书前面各章所讲的相关案例，代理商和经销商这种被认为最不入流的业态在商业模式创新上也是大有可为，它的商业模式创新至少有四条路可以走。

第一条路，上可通天——电子商务化。

比如当当网、京东商城、亚马逊等。当当网成立了10多年，到2009年还仅是略微赢利。一个公司，经营了10年还不赚钱，按照过去的常理来讲，这家公司太普通了。但当当网于2010年12月10日在纽交所上市。可能很多企业家觉得世道变了、不公平，“我们辛辛苦苦地干，从一开始就赢利，但到现在还上不了市，也吸引不了风险投资，公司的资本价值根本就不值钱”。其实，这就是商业模式的差别。

当当网是典型的代理商、经销商，因为它卖的每一本书都是出版社的产品，当当网自己并未进入图书的内容领域。依托电子商务化的商业模式，当当网目前能够达到甚至超越中国全部新华书店总量的1%以上。

当当网因为自身战略的问题，渐渐归于平凡，但同样在代理商电子商务化领域，京东商城则实现了巨大的成功与超越，它在规模方面超越国美、苏宁，其市值超过500亿美元，而美国亚马逊公司则已经成长为市值超越4 000亿美元的超级巨型公司了。

代理商模式电子商务化，谁说没前途呢？

第二条路，下可达地——全国连锁。

比如苏宁、国美电器连锁。苏宁和国美几乎没有任何产品是自有产品，全是代理产品，它们依靠连锁的模式在全国跑马圈地。依靠代理产品，国美电器掌门人曾经成为中国首富，苏宁电器至今仍然是中小板上的牛股。

在中国企业家还不知道什么叫商业模式的时候，苏宁和国美电器连锁已经用商业模式在武装自己了，所以，它们取得阶段性的成功几乎是必然的结果。

在今天的中国，制造资源泛滥，但是零售资源却是稀缺的，苏宁和国美电器连锁成功了，而众多的所谓科技电子制造公司却消亡了。如今，谁离客户越近，谁就越有价值。此时，你突然发现，代理商模式反而有可能成为主动者，因为代理商离客户最近。

苏宁、国美以线下连锁为主，在与京东电子商务的竞争中处于被动局面，在效率提升、成本控制方面被反超，相当多的人认为电商已经全面战胜了线下连锁。但是风水轮流转，随着BAT对互联网流量的垄断，在线经营的流量成本剧增，越来越多的电商公司不堪重负，这时反而凸显了线下流量成本的吸引力，因为线下流量较为分散，很难被某几家公司所垄断，线下场景也足够丰富和立体，因此，以线下线上一体化的“新零售”重新开始受到关注。

“孩子王”等新零售公司是一种新物种，它们已经在内外部实现了全面的互联网化，而且线下能力是其较之传统电子商务公司非常核心的能力。

第三条路，向上游进军——成为品牌商。

当你作为一个代理商，缺乏对上游的控制力时，资本市场就会认为你风险太大，存在重大的不确定性。当你把品牌买断时，你的控制力加大以后，资本市场对你的未来发展就有信心了。代理商业务往往被认为是“奶妈型”业务，这就好比替别人养孩子——辛苦活都让你干了，端屎端尿你都干完了，哪天这家公司发展起来要上市了，亲妈就出来了（我们毕竟是有血缘关系的），此时，奶妈就只能躲在阴暗的角落里面哭泣了。现实生活当中这样的案例比比皆是，但到了上市公司层面，这就无法让人接受了。

对于“奶妈型”业务，要么就像苏宁电器和京东商城这种做法——我领养100个孩子，将奶妈专业化规模化发展，如此一来，代理商这方的博弈优势反而更明显了；要么就将“奶妈”变成“亲妈”，彻底解决控制权的问题。

例如，中国动向公司当年买断了KAPPA品牌后走向资本市场，曾经创下了数百亿市值的辉煌记录。

随着中国市场的规模持续扩大，中国资本的力量日益雄厚，越来越多的中国公司试图收购整合全球企业，其中，中国的代理商反向收购持有技术和品牌的国际公司，将是未来十年的新趋势、新潮流。

第四条路，向下游进军变为服务商。

正如之前讲到的卡地纳健康公司，它从产业链中跑龙套的角色逐渐成为产业链的“链主”。从传统的药品经销起步，药房管理、售药机服务、外用物品的成套定制成为卡地纳三大业务的增长点。卡地纳不满足于单一的产品，它不断寻找相关业务的新增长途径，创造性地将这些新旧业务有效地整合，为卡地纳创造新的价值提供了更多机会，收入来源的多样性也减少了单一收入带来的风险。

卡地纳公司没有止步于将药品送到医院仓库，而是将服务不断延展到药房管理、病人药品分发、自动补货与结算、废药的环保处理等所有与药品有关的环节，甚至向上游延展到了药品的测试、封装等环节。

卡地纳出售的是解决方案，而不是产品，其解决方案是“围绕客户”（医院、患者、药厂、药店）的需求制定。卡地纳就是这样把自己从一个满足表面需求的批发商转变成为能够满足更隐秘、更内在、更深切需求的服务提供商，把医院供应链改造成为满足最终客户的需求链。卡地纳的巨大成功也验证了代理商服务化模式的前景是光明的。代理商、经销商离用户最近，所以最了解客户的真实需求和创造性的需求，因此，服务创新成为巨大的成长机遇。

通过上述分析，即使是代理商、经销商这种传统的、被认为不入流、不上档次的业态，被认为最没有竞争力的环节，也可以走通商业模式的创新之路，并且能够取得巨大的成功，那么，任何行业、任何地区、任何发展阶段、任何形态的企业都有商业模式的创新可能与巨大空间。商业模式确实就在你身边。

各位企业家、创业者，不是你的行业无法创新，不是你的业态无法创新，不是你今天所处的发展阶段无法创新，而是你还没有找到创新的方向与方法。商业模式其实就在你的身边。你可以拒绝商业模式创新，但你的竞争对手不会。希望各位读者坚信，商业模式不是遥不可及的传说，不是大企业的专利，不是一个束之高阁的概念，而是真实地存在于每一位企业家、创业者的身边。

如果一个企业的总裁把时间都用于与员工亲密交流，员工往往就会死心塌地跟你创业奋斗；如果总裁把时间用在跑一线市场，你的市场灵敏度一定领先一步。企业家总裁把时间“种”在哪里，哪里就会长出参天大树，就会结出硕果。

如果企业家把时间“种”在商业模式创新方面，在商业模式创新上投入更多时间、更多财力、更多人力，那么你的企业早晚会在商业模式创新上收获丰硕成果。届时，你必将领悟到商业模式之美，以及商业模式的力量。到那时，10倍的利润10年以上的持续成长将不再是梦想，它将成为现实。

商业模式是一个实战性极强的话题，它并不是阳春白雪式的缥缈概念。企业家和创业者传统的学习方式是“听、看”，也就是所谓“听课、看书”，这当然非常有必要，但这仅仅是开始。很多人听课、看书觉得理解了、懂了，其实往往没懂，甚至理解错了。所以，单纯地听课、看书的效果有限，我们必须积极地“想”（思考），哪怕是否定作者或授课老师的提法，因为只有积极地“想”（思考），才能让你更加深入地理解知识的真谛。

但光“想”还远远不够。回想我们平时，经常是躺在床上突然来了所谓的“灵感”，越“想”越兴奋，越“想”越觉得自己的想法真是英明伟大。但是，当你第二天一早很兴奋地跟高管团队沟通时，说着说着就发现这个想法无法实现，这就是所谓的“难以自圆其说”。因此，盛景培训课堂上学员的研讨交流、路演互动的比例达到了30%以上，就是要逼迫学员们亮出自己的想法，从而实现“自圆其说”。其实，这也是哈佛大学等著名商学院案例教学的精髓。

当你能够“自圆其说”时，你的说法便得到了大家的初步认可。接着，你晚上回到家挑灯夜战，准备形成一个商业计划书的文字方案以便尽快实施，这时却发现难以下笔，因为你的说法根本经不起“推敲”、经不住“字斟句酌”，这就是所谓“写”的难度，所以，我们要求每位学员都能够将商业模式写出来、画出来。

最终，当你的思路可以“自圆其说”，可以经得起“字斟句酌”的推敲，从而形成商业计划书的书面方案时，那么这时就开始考验企业的执行力了，也就是所谓“做”的能力。

在企业家、创业者的100个想法中，通常只有50个想法能够“自圆其说”，只有25个想法经得起“字斟句酌”地“推敲”，形成书面方案。最后，也就只有10件事情能够最终“做”成。

因此，“听、看”只是浅层次、起步式的学习方式，“想、说、写、做”，才是企业发展的合理路径，才是企业家创业者真正有效的学习途径。

“想说写”是企业创新的第一次创造，“做”，即所谓实践真干，其实是第二次创造。如果“第一次创造”在商业逻辑上就行不通，存在明显的BUG（瑕疵），那么，“第二次创造”就必然会失败。明知会失败却非要实施，那就是劳民伤财了。对“第一次创造”再如何重视都不为过，所谓“磨刀不误砍柴工，”“第一次创造”的充分论证反而能节省时间和金钱，避免本可避免的失败。

做好“第一次创造”，精心设计、充分论证，那么商业模式创新真的就在你身边！

后记

早在2009年，《商业模式的力量》由机械工业出版社华章公司出版。2013年，这本书由中信出版社进行了重新出版，得到了数十万名读者的认可，见证和推动了中国实体经济企业转型升级的探索。如今，值盛景10周年之际，在中信出版社的支持下，本书再次进行了再版，在内容方面也进行了大量更新，并将案例进行了全面迭代，使之与时俱进，充分体现“实战实用”的盛景法则。

在2008年金融危机时，我有幸出版了《生死转型——金融巨变下的生存发展之道》一书，开启了我的商业研究之路。当年6月10日，我们已将全部书稿交到出版社，9月17日奥运会之后此书正式出版发行。因此，本书可以说是国内第一本讲述金融危机下企业应对之道的畅销书，也引起了全国读者的强烈反响。在《生死转型》书稿交付出版社后，我就在思考如何把中国企业转型升级的主题更加深入地进行研究与实践，因此，我和研发团队迅速投入到商业模式的研究与实践中。

在接触大量中小企业以后，我深深地领悟到中国绝大多数企业的商业模式普遍存在着严峻挑战。随着人力成本、环保成本、原材料成本等诸多因素的影响，中国企业之前所走的低成本道路举步维艰。为什么政府和企业喊了这么多年“转型升级”，但实际效果却非常有限？这就是因为众多中小企业真的不知道怎样“转型升级”。实际上，“转型升级”的关键所在就是商业模式创新。

关于中国股市上市公司质量的争论很多，为什么这些上市公司在上市后往往增长乏力？其核心就是商业模式无法支撑其持续增长。所以，不仅成长期的企业需要学习和创新商业模式，大量已经上市的企业也需要学习和创新商业模式，凡是遇到了增长瓶颈的企业更应该学习和创新商业模式。

回想2008年12月举办第一期《商业模式的力量》培训时，金融危机突至，中小企业危机重重，那时的商业模式创新法好比凛冽寒风中的一缕阳光，温暖着中国中小企业！这门课程一办就是8年，就是80期，一直很火。

毫无疑问，如今的《商业模式力量》已经是一个“超级IP”，因为我们已有近20万名图书读者，高端面授课程已经有超过1万位企业家参加，单品营收超3亿元，是中国举办最早、参加学员人数最多、为学员创造价值最大的商业模式高端培训，我们培养的学员企业已有1 500家在新三板挂牌，完成融资达到150亿元，未来3年预计将有300家学员成功完成IPO。盛景自身便是商业模式创新最好的学生之一，也是最大的受益者之一，其定增市值已达100亿元，盛景嘉成母基金在管基金规模已达到100亿元。

作为一家有着深厚社会责任感和文化底蕴的创新服务集团，持续推出真正实战实效的创新赋能项目是我们承担社会责任、知识报国的体现，我们把创新服务产业称为“打着灯笼都难找的产业”。

在“中国制造”走向“中国创造”的过程中，一定需要来自本土的世界级服务机构的有效助推。管理学大师德鲁克曾经说过：“中国企业的问题还只能依靠中国人自己解决。”盛景的梦想是成为“世界级创新服务平台”，我们正在推动和协助上万家实体经济中小企业完成商业模式转型，这也是助力中国跨越中等收入陷阱最切实的努力。这是一项令人骄傲的事业。

中国最成功的投资公司之一高瓴资本创始人张磊有一句名言：“我们在寻找伟大价值观的坚定实践者。”在以色列，有一句话给我留下了深刻的印象——“只有站在价值链的顶端，才有资格享受生活。”

创新者就是站在价值链顶端的人，创新者就是伟大价值观的坚定实践者。本书只是商业模式万千世界中的沧海一粟，但透过这本书，让我遇到了你们。无论你是自己创新，还是投资创新，亦或是服务创新，在社会大众痴迷于房产时，你们是这个时代最值得被珍惜的一群人。你们在推动自己改变命运的同时，客观上也推动了中国经济命运的改变。

向每一位创新者致敬。

盛景网联、盛景嘉成母基金创始人

盛景研究院院长

彭志强

2017 年 5 月 9 日

彭志强·商业模式生死转型

《彭志强·商业模式生死转型》音频专栏，由国内最早从事商业模式深入研究、孕育了1500家新三板挂牌企业的盛景网联、盛景研究院倾情打造。多年来，盛景对于商业模式创新的研究成果，历经上万中小企业实践和验证的洗礼，已成为中小企业创新的经典方法论，并在移动互联网、人工智能等新兴经济领域保持极强的解释力和包容力。

即刻订阅，将十年精华装进口袋，随时在线聆听商业模式的6式、8大洞见、10种经典商业模式，真正理解商业模式的奥秘，真正理解企业经营的顶层设计，让企业赋能加速、持续成功！

因为，方向，真的比努力更重要！

主讲嘉宾

彭志强

盛景网联集团董事长，盛景研究院院长、盛景嘉成母基金创始合伙人

中国著名商业思想家，全球创新事业的顶层投资人。秉承“赋能中小企业，加速中国创新”的使命，致力于引领盛景成为最受尊重的世界级创新服务平台。

彭志强先生创办的盛景研究院，是国内最早从事商业模式深入研究的专业机构；其核心研究成果“商业模式六式”，业已成为中小企业商业模式创新的法宝。